OXFORD

Spanish Wordpack

OXFORD
UNIVERSITY PRESS

OXFORD
UNIVERSITY PRESS

Great Clarendon Street, Oxford OX2 6DP

Oxford University Press is a department of the University of Oxford.
It furthers the University's objective of excellence in research, scholarship,
and education by publishing worldwide in

Oxford New York

Auckland Cape Town Dar es Salaam Hong Kong Karachi Kuala Lumpur
Madrid Melbourne Mexico City Nairobi New Delhi Taipei Toronto
Shanghai

With offices in

Argentina Austria Brazil Chile Czech Republic France Greece Guatemala
Hungary Italy Japan South Korea Poland Portugal Singapore Switzerland
Thailand Turkey Ukraine Vietnam

Oxford is a registered trade mark of Oxford University Press
in the UK and in certain other countries

Published in the United States
by Oxford University Press Inc., New York

© Oxford University Press 2000

British Library Cataloguing in Publication Data

Data available

Library of Congress Cataloging in Publication Data

Oxford Spanish wordpack / [editor, Ana Cristina Llompart ;
editorial manager, Valerie Grundy]. p. cm.
1. Spanish language—Glossaries, vocabularies, etc.
I. Title: Spanish wordpack. II. Grundy, Valerie.
III. Llompart, Cristina.
PC4680.094 2001 468.2'421—dc21 2001021541

ISBN-13: 978-0-19-860337-5

10

Typeset by The Read Setter, Osney, Oxford
Printed in Great Britain by Clays Ltd, Bungay, Suffolk

Contributors

Editor   Ana Cristina Llompart
Editorial Manager   Valerie Grundy

Proofreader   Victoria Romero Cerro
Data Capture & Editing Philip Gerrish
Text Management   ELLA Associates Ltd.

Contents

The world at large

Quick Reference

Introduction

This book has been designed to function as a lively and accessible tool for anyone with an interest in expanding their knowledge of Spanish. It provides the words and phrases necessary to everyday communication in a wide variety of contexts, so that not only teachers and students, but also people visiting or working in Spanish-speaking environments, will find it an ideal reference companion. There are 65 topic sections, each of which has been created to provide a window into how Spanish is used to talk about a particular real-life situation.

The topic areas are arranged so as to move outwards from people, relationships, and domestic surroundings, through everyday life, work and leisure, into the world at large. Each separate topic is presented on a double-page spread and has its own number and title, making for easy identification of the area of vocabulary covered. Within each topic, the information is ordered according to type of word, so as to provide a clear structure for vocabulary learning. Similarly, within word types, the words and phrases are grouped to reflect relationships in the real world, rather than as alphabetical lists.

Where appropriate, topic sections contain unique *Language in Action* features. These are examples of everyday Spanish as used by native speakers of the language, reflecting the language area. They range from dialogues and sketches to newspaper articles, reviews, and advertisements. The aim is to draw language-learners into a variety of linguistic contexts, such as they might encounter in a Spanish-speaking environment, and to encourage intuitive assimilation of sentence structure and idiom, as well as reinforcing vocabulary learning.

The *Language in Action* sections can be used both in a teaching situation and for self-study. Teachers will find them invaluable in several ways, not least as a basis for teaching issues beyond pure vocabulary, such as grammar, idiomatic expression, and cultural contrasts. Many of them will provide models for active production of Spanish, including group work, role-playing, and written work. They can play an important role in developing communication skills and confidence. Self-learners will find it exciting and rewarding to use them alongside a bilingual dictionary and/or a language course to expand their knowledge of the language and culture.

How to use this book

Use the Contents section to identify the subject area and topic that you are interested in. Before the title of the topic, you will find the topic number. These are shown clearly, along with the title, on each left-hand page throughout the main part of the book. Each is also shown in a vertical strip on the right-hand page, for extra-easy look-up. The layout of the pages has been designed to be as clear, open, and accessible as possible. We hope that users will enjoy exploring them. After the the 65 topic areas, there is a *Quick Reference* section showing vocabulary and phrases for numbers, dates, days of the week, months, seasons, materials, colours, weights, measures, and sizes, followed by useful verbs, adjectives, adverbs, and prepositions.

Abbreviations and symbols

(M)	*masculine gender*
(F)	*feminine gender*
(*pl*)	*plural*
(*inv*)	*invariable: the plural is the same as the singular*
(*US*)	*American*
™	*trade mark*
*	*informal*

el hombre	*man*
la mujer	*woman/wife*
el niño/la niña	*child, boy/girl*
el chico/la chica	*young man/woman*
la persona	*person*
la gente	*people*
el señor/la señora	*gentleman/lady*
el/la adolescente	*teenager*
el adulto/la adulta	*adult*
el anciano/la anciana	*elderly man/woman*
el bebé	*baby*
el nombre	*name*
el nombre de pila	*first name*
el apellido	*surname*
el primer/segundo apellido	*first/second surname (it is usual in Spain to have both)*
el mote	*nickname*
la firma	*signature*
la edad	*age*
el cumpleaños	*birthday*
el mes	*month*
el año	*year*
la fecha	*date*
la fecha de nacimiento	*date of birth*
el lugar de nacimiento	*place of birth*
la nacionalidad	*nationality*
el país	*country*
el país de origen	*country of birth*
el domicilio	*place of residence*
la dirección, las señas	*address*
la calle	*street*
el código postal	*postcode*
la ciudad	*town/city*
el pueblo	*town/village*
el número de fax	*fax number*
el número de teléfono	*telephone number*
la dirección de correo electrónico	*e-mail address*
el sexo	*sex*
el estado civil	*marital status*
el soltero/la soltera	*unmarried man/woman*
el divorciado/la divorciada	*divorced man/woman*
el viudo/la viuda	*widower/widow*

el carnet de identidad	identity card
el pasaporte	passport
la vida	life
adoptado/adoptada	adopted
casado/casada	married
soltero/soltera	unmarried
divorciado/divorciada	divorced
separado/separada	separated
de	of/from
en	in
prometido/prometida	engaged
tener	to have
ser	to be
vivir	to live
vivir (en)	to live (in/at)
venir (de)/ser (de)	to come (from)
morir	to die
nacer	to be born
llamarse	to be called
casarse (con)	to get married (to)
yo me llamo Cristina	my name is Cristina
tengo veintitrés años	I'm twenty-three
vivo en Sevilla	I live in Seville
soy de Málaga	I come from Malaga
nací en Málaga	I was born in Malaga

Language in action

Un carnet de identidad

NOMBRE: Carlos
PRIMER APELLIDO: Gil
SEGUNDO APELLIDO: Fuentes
LUGAR DE NACIMIENTO: Burgo de Osma PROVINCIA DE: Soria
FECHA DE NACIMIENTO: 20 de agosto de 1960
EDAD: 40 años
DIRECCIÓN: C/ Lesma, nº6, Madrid CÓDIGO POSTAL: 28039
PROVINCIA DE: Madrid
SEXO: Hombre
ESTADO CIVIL: Casado
NÚMERO DE CARNET DE IDENTIDAD: 166789
NÚMERO DE PASAPORTE: 166789
FIRMA:

2 People 2: family & friends

la familia	*family*
la mujer	*woman/wife*
el marido	*husband*
el esposo/la esposa	*husband/wife*
la madre	*mother*
la mamá	*mum, mummy, mom*
el padre	*father*
el papá	*dad, daddy*
el hijo/la hija	*son/daughter*
el hermano/la hermana	*brother/sister*
el hermanastro	*half-brother*
la hermanastra	*half-sister*
el abuelo/la abuela	*grandfather/grandmother*
los abuelos	*grandparents*
el nieto/la nieta	*grandson/granddaughter*
los nietos	*grandchildren*
el tío/la tía	*uncle/aunt*
el sobrino/la sobrina	*nephew/niece*
el primo/la prima	*cousin*
el suegro/la suegra	*father-in-law/mother-in-law*
el yerno	*son-in-law*
la nuera	*daughter-in-law*
el cuñado/la cuñada	*brother-in-law/sister-in-law*
el novio/la novia	*boyfriend/girlfriend*
el vecino/la vecina	*neighbour*
el amigo/la amiga	*friend*
el compañero/ la compañera de trabajo	*colleague*
mayor	*elder/eldest/elderly/bigger*
menor	*younger/youngest/smaller*
pequeño/pequeña	*little/small*
joven	*young*
viejo/vieja	*old*
solo/sola	*alone*
con	*with*
por	*by, for*
sin	*without*
para	*for*
cerca de	*near*
al lado de	*next*

amar	*to love*
querer	*to want/love*
odiar	*to hate, detest*
besar	*to kiss*
abrazar	*to hug*
celebrar	*to celebrate*
preferir	*to prefer*
cuidar de	*to look after*
ver	*to see*
visitar	*to visit*
escribir	*to write*
mirar	*to look (at)*
llevarse bien (con)	*to get on well (with)*
salir con alguien	*to go out with someone*
ser amigo de	*to be friends with*
me/te gusta	*I/you like, fancy*
le gusta	*he/she likes, fancies*
ser hijo único/hija única	*to be an only child*
cumplir años	*to celebrate one's birthday*
cumplo años el 18 de mayo	*my birthday is on the 18th of May*
en el fondo	*deep down*

Language in action

- Mira, Ana, las fotos de la familia de mi hermana Ángela. Son de cuando los visité el mes pasado.
- ¡A ver! ¿Es ésta tu hermana? ¡Qué joven es!
- No, ésa es mi prima Ana. Mi hermana está aquí, al lado de mi madre. Y éste es su marido, mi cuñado, con sus padres.
- ¿Y quiénes son éstos?
- Mis hermanos Andrés y Carlos. Carlos es mayor que yo y Andrés es dos años menor.
- ¿Y esta señora mayor?
- Es la suegra de mi hermana. El bebé que lleva en brazos es el hijo de mi hermana. Ya tiene cuatro meses. Como mi hermana trabaja, los abuelos cuidan del niño.
- ¡Qué bonito es! ¿Es el único hijo de tu hermana?
- También tiene una niña de seis años que se llama Andrea. Está un poco celosa de su hermano pequeño, pero en el fondo lo quiere mucho.
- Los hermanos siempre se odian y se quieren a la vez.
- Yo me llevo muy bien con mi hermana, pero no tan bien con mis hermanos. Mira, en esta foto estamos celebrando el cumpleaños de Ángela. Ese día cumplía treinta y cinco años.
- ¡Cuánta gente!

3 People 3: appearance

la cara	face
la piel	skin
el ojo	eye
las pestañas	eyelashes
la ceja	eyebrow
la nariz	nose
la boca	mouth
la oreja	ear
la mejilla	cheek
la cabeza	head
el bigote	moustache
la barba	beard
el pelo	hair
el cuello	neck
el brazo	arm
la mano	hand
el codo	elbow
el dedo	finger
la cadera	hip
la pierna	leg
la rodilla	knee
el pie	foot
el tobillo	ankle
la altura	height
la cintura	waist
las gafas	glasses

bello/bella	beautiful
bonito/bonita	pretty/nice
guapo/guapa	good-looking/pretty
feo/fea	ugly
mono/mona	pretty/cute
gordo/gorda	fat
delgado/delgada	thin, slim
fuerte	strong/well-built

bajo/baja	short
alto/alta	tall
grande	big
pequeño/pequeña	small
joven	young
viejo/vieja	old
rubio/rubia	blond
moreno/morena	suntanned, brown (of hair)

castaño/castaña	*brown (of hair)*
pelirrojo/pelirroja	*red (of hair)*
ondulado/ondulada	*wavy*
rizado/rizada	*curly*
liso/lisa	*straight (of hair)*
largo/larga	*long*
azul	*blue*
gris	*grey*
negro/negra	*black*
verde	*green*
marrón	*brown*
claro/clara	*light*
oscuro/oscura	*dark*
además	*besides*
admirar	*to admire*
conocer	*to know, to meet*
describir	*to describe*
parecer	*to look like*
pensar	*to think*
a mí me parece	*I think*
a mí me parece muy guapo/guapa	*I think he's/she's really good-looking*
a mí me parece muy bonito/bonita	*I think it's very pretty*
hablar de	*to talk about*
ser como	*to be like*
tan	*so*
más/menos...que	*more/less...than*

Language in action

Hablando de chicos...
- Ayer vi a Javier.
- ¿Quién es Javier?
- El hermano pequeño de Santi. ¿Lo conoces?
- No sé, descríbemelo.
- Es alto, con el pelo castaño y rizado.
- ¿Tiene barba?
- No, estás pensando en Rafa. Santi tiene gafas y los ojos verde claro. Además Santi es mucho más delgado que Rafa. Rafa es gordo.
- No es gordo, es fuerte. A mí me parece muy guapo.
- ¿Guapo? ¿Rafa? Tiene una nariz torcida muy fea. Y unas orejas más grandes que platos. Santi es mucho más guapo, tiene unos ojos preciosos y después de las vacaciones está muy moreno. Parece un modelo.
- Pues para ti. A mi no me gustan los chicos tan delgados.

la amistad	*friendship*
el amor	*love*
la bondad	*kindness*
el encanto	*charm*
el entusiasmo	*enthusiasm*
la esperanza	*hope*
el orgullo	*pride*
el egoísmo	*selfishness*
la generosidad	*generosity*
la gentileza	*kindness*
la imaginación	*imagination*
la inteligencia	*intelligence*
el interés	*interest*
los celos	*jealousy*
la pereza	*laziness*
el sentido de humor	*sense of humour*
la preocupación	*worry*
agradable	*pleasant*
amable	*kind, nice*
encantador/encantadora	*charming*
majo/maja	*nice, friendly*
simpático/simpática	*friendly*
malo/mala	*spiteful*
egoísta	*selfish*
desagradable	*unpleasant*
divertido/divertida	*funny*
loco/loca	*mad*
raro/rara	*odd*
extraño/extraña	*strange, odd*
tranquilo/tranquila	*calm*
nervioso/nerviosa	*nervous*
feliz	*happy*
contento/contenta	*pleased, happy*
triste	*sad*
desgraciado/desgraciada	*unhappy*
decepcionado/ decepcionada	*disappointed*
serio/seria	*serious*
tímido/tímida	*shy*
despistado/despistada	*absent-minded/miles away*
dotado/dotada	*gifted*
listo/lista	*intelligent*
interesante	*interesting*
tonto/tonta	*stupid*

honesto/honesta	*honest*
hábil	*skilful*
torpe	*clumsy*
trabajador/trabajadora	*hardworking*
vago/vaga	*lazy*
perezoso/perezosa	*lazy*
descuidado/descuidada	*careless*
educado/educada	*polite*
maleducado/ maleducada	*rude, impolite*
obediente	*obedient*
desobediente	*disobedient*
deportista	*sporty*
activo/activa	*active*
furioso/furiosa	*furious*
mimado/mimada	*spoiled*
preocupado/preocupada	*worried*
insoportable	*unbearable*
pobre	*poor*
rico/rica	*rich*
cabezota	*stubborn*
enamorado/enamorada	*in love*
celoso/celosa	*jealous*
deprimir	*to depress*
deprimirse	*to get depressed*
aburrirse	*to get bored*
enfadarse	*to get angry, get upset*
esperar	*to hope*
poder	*to be able*
saber	*to know*
querer	*to want, wish*
sentir(se)	*to feel*
parecer	*to look, seem*
pareces cansado/ cansada	*you look tired*
tener mal carácter	*to be bad-tempered*
tener miedo (de)	*to be afraid (of)*
estar de buen/mal humor	*to be in a good/bad mood*
estar enfadado/enfadada	*to be angry*
portarse bien/mal	*to behave well/badly*
saber hacer	*to know how to do*
estar preocupado (por)	*to be worried (about)*
tener confianza en sí mismo	*to be self-confident*
¡genial!, ¡fenomenal!	*great!, fantastic!*

hola	*hello*
¿diga?, ¿dígame?	*hello (answering telephone)*
buenos días	*good morning*
buenas tardes	*good afternoon/evening*
buenas noches	*good evening/goodnight*
¡adiós!	*goodbye!*
hasta mañana	*see you/speak to you tomorrow*
hasta luego	*see you/speak to you later*
hasta la vista	*see you*
hasta dentro de un rato	*see you/speak to you in a minute*
¿cómo estás?	*how are you?*
¿qué tal?	*how are things?*
¿qué tal estás?	*how are you?*
¿qué tal te van las cosas?	*how are things with you?*
bien, gracias	*fine thanks*
¡que te diviertas!	*have a nice day!, enjoy yourself!*
¡buena suerte!	*good luck!*
vale/de acuerdo	*OK*
¿conoces a...?	*have you met...?*
te presento a...	*let me introduce you to...*
encantado, encantado (de conocerle)	*pleased to meet you*
mucho gusto en conocerle	*pleased to meet you*
haber quedado (con)	*to have arranged to meet*
por favor	*please*
gracias	*thank you*
de nada	*you're welcome*
perdone, perdón	*excuse me*
¡perdón!	*sorry!*
lo siento	*I'm sorry*
no pasa nada	*it's all right*
no importa	*it doesn't matter*
no te preocupes	*don't worry*
estoy de acuerdo	*I agree*
me da lo mismo	*I don't mind*
creo que sí	*I think so*
creo que no	*I don't think so*
me extrañaría	*I'd be surprised*

es muy amable (de tu parte)	*that's really nice (of you)*
estar de acuerdo (con)	*to agree (with)*
hacer una pregunta	*to ask a question*
dar un beso	*to kiss*
encontrarse con	*to meet (by chance)*
verse	*to see each other/meet*
charlar	*to chat*
hablar de	*to talk about*
preguntar	*to ask*
contestar	*to answer*
discutir	*to discuss/argue*
disculparse	*to apologize*
divertirse	*to enjoy oneself*
invitar	*to invite*
cambiar (de)	*to change*
poder	*to be able (to)*
no puedo	*I can't*

Language in action

L: ¡Hola Nuria! ¡Qué sorpresa! ¿Qué haces por aquí?
N: ¡Hola Lola! Dame un beso. Cuánto tiempo sin verte.
L: Hace por lo menos tres meses. ¿Qué tal te van las cosas?
N: Bastante bien, con mucho trabajo. Y tú, ¿cómo estás?
L: Muy bien, aunque mi vida ha cambiado mucho. He cambiado de trabajo y ya no salgo con Juan.
N: Vaya, mujer, lo siento.
L: No te preocupes, es mejor así. Siempre estábamos discutiendo. Nunca estábamos de acuerdo en nada. Es mucho mejor así.
N: Estoy de acuerdo contigo. ¿Tienes tiempo para tomar un café y charlamos?
L: No, lo siento, he quedado con una amiga para ir al cine. Pero podemos vernos otro día.
N: Sí, buena idea. ¿Puedes mañana?
L: Mañana no puedo, lo siento.
N: No pasa nada. Y el jueves, ¿estás libre?
L: Creo que sí. ¿Prefieres por la mañana o por la tarde?
N: Me da lo mismo. Te llamo luego y lo hablamos.
L: Mira, ahí viene mi amiga. Nuria, te presento a Sacha.
N: Perdona, ¿como dice Lola que te llamas?
S: Sacha, soy Italiana.
N: Encantada de conocerte. Es un nombre muy bonito.
S: Gracias, y mucho gusto en conocerte.
L: Ahora tenemos que irnos, pero hablamos luego.
N: Vale. Hasta luego. Y que os divirtáis en el cine.
L & S: Gracias. ¡Adiós!

la casa	house
la casa de campo	country house
la casa de labranza	farmhouse
el piso	flat, apartment
el estudio	studio flat/study
el bloque de pisos	block of flats/apartments
el piso, la planta	floor, storey
el sótano	basement/cellar
la pared	wall
el tejado	roof
la ventana	window
la cristalera	French windows
el postigo	shutter
el balcón	balcony
la terraza	terrace
el patio	patio/courtyard
el jardín	garden
el ascensor	lift, elevator
la puerta (principal)	(front) door
la entrada	entrance, hall
el vestíbulo, el hall	hall
el pasillo	corridor, hallway
la escalera	stairs, staircase
el descansillo	landing
la habitación	room/bedroom
el salón	living room, lounge
el comedor	dining room
el cuarto de los juguetes	playroom
la cocina (amueblada)	(fitted) kitchen
el cuarto de la plancha	utility room
la habitación de los invitados	guest room
los servicios	toilet
el cuarto de baño	bathroom
el ático	loft, attic
el suelo	floor
el techo	ceiling
la calefacción central	central heating
la electricidad	electricity
el gas	gas
el contador	meter
el enchufe	plug/socket
el interruptor	switch

la bombilla	*light bulb*
el buzón	*postbox/letterbox, mailbox*
la llave	*key*
grande	*big*
pequeño/pequeña	*small*
diminuto/diminuta	*tiny*
moderno/moderna	*modern*
nuevo/nueva	*new*
viejo/vieja	*old*
soleado/soleada	*sunny*
oscuro/oscura	*dark*
amueblado/amueblada	*furnished*
bastante	*quite*
completamente	*completely*
alquilar	*to rent/let*
comprar	*to buy*
entrar	*to go/come in*
bajar	*to go/come down*
subir	*to go/come up*
dar a	*to overlook/open onto*
ir/venir a casa	*to go/come home*
en total	*in total, altogether*
en el exterior/interior	*outside/inside*
en la planta de abajo/de arriba	*downstairs/upstairs*
con mucha luz	*light*
que da al sur/al norte	*south/north-facing*
tener buenas/malas noticias	*to have good/bad news*

Language in action

Querida Mercedes:

Tengo buenas noticias: ¡por fin hemos encontrado la casa de nuestros sueños! Es bastante grande. Tiene siete habitaciones en total, y además un cuarto trastero. Tiene un salón grande y un comedor con una cristalera que da a un balcón muy soleado. La cocina es bastante grande y con mucha luz. Es una cocina con muebles empotrados y tiene un suelo de baldosas muy bonito. De la entrada sale un pasillo largo. Hay una habitación grande para nosotros y hay otras tres habitaciones, una para Pablo, otra para Victoria y la tercera será la habitación de los invitados. Y el cuarto de baño, por supuesto. Te invitaremos a que vengas a quedarte unos días en primavera.

Con mucho cariño

Cristina

los muebles	*furniture*
el papel pintado	*wallpaper*
la moqueta	*(fitted) carpet*
la alfombra	*rug*
la silla	*chair*
la butaca	*armchair*
el sofá	*sofa, couch*
el taburete	*stool*
la mesa (de centro)	*(coffee) table*
la mesa de despacho	*desk*
la librería	*bookcase*
los estantes	*shelves*
el piano	*piano*
la chimenea	*fireplace*
el radiador	*radiator*
la repisa de la ventana	*window sill*
el cojín	*cushion*
la cortina	*curtain, drape*
la tela	*fabric*
el color	*colour*
la lámpara	*lamp*
la pantalla	*lampshade*
el cuadro	*picture/painting*
la pintura	*painting/paint*
el espejo	*mirror*
el reloj	*clock*
la planta	*plant*
las flores	*flowers*
el florero	*vase*
el adorno	*ornament*
el cenicero	*ashtray*
la televisión	*television*
el equipo de alta fidelidad	*hi-fi, stereo*
la radio	*radio*
el compacto	*CD player*
el disco compacto	*compact disk*
el teléfono	*telephone*
el contestador automático	*answering machine*
acogedor/acogedora	*welcoming, cosy*
bonito/bonita	*pretty*
precioso/preciosa	*lovely, beautiful*
agradable	*nice, agreeable*
cómodo/cómoda	*comfortable*

contento/contenta	happy, pleased
cerca de	near
al lado de	next to
delante de	in front of
detrás de	behind
últimamente	recently
relajarse	to relax
sentarse	to sit down
levantarse	to stand up
cambiar	to change
pintar	to paint
empapelar	to wallpaper
comprar	to buy
hacer	to make/do
poner	to put
contra la pared	against the wall
en el rincón	in the corner
acabar de hacer	to have just done
me parece que...	I think that...
¡Qué agradable y acogedor es esto!	how cosy it is in here!
¿Te parece?	do you think so?
una buena elección	a good choice
hacer algunos cambios	to make a few changes
ir a juego con	to go with
bien combinado	well coordinated
os ha quedado precioso.	you've done a beautiful job.
siéntate	sit down

Language in action

- ¡Qué agradable y acogedor es esto!
- ¿Te parece? La verdad es que últimamente hemos hecho muchos cambios. Hemos pintado las paredes. Antes teníamos papel pintado.
- Creo que has hecho una buena elección. Y este sofá es nuevo, ¿no?
- Sí, acabamos de comprarlo, pero los cojines los he hecho yo. Van a juego con las cortinas. Y la alfombra la compramos en Turquía estas vacaciones. Aquí, en el rincón, vamos a poner una lámpara de pie.
- Me gusta mucho todo. Los colores están muy bien combinados. Os ha quedado una habitación preciosa.
- Siéntate en esta butaca, cerca de la ventana. Verás qué cómoda es.

la mesa	*table*
la silla	*chair*
el aparador	*sideboard, buffet*
el desayuno	*breakfast*
la comida	*lunch/meal*
la cena	*dinner, supper*
el mantel	*tablecloth*
la servilleta	*napkin*
la cubertería, los cubiertos	*cutlery*
el cuchillo	*knife*
el tenedor	*fork*
la cuchara	*spoon*
la cucharilla, la cucharita	*teaspoon*
el plato	*plate/dish*
el plato sopero/hondo	*soup plate*
el plato llano	*dinner plate*
el bol	*bowl*
la ensaladera	*salad bowl*
el frutero	*fruit bowl*
el azucarero	*sugar bowl*
la taza	*cup*
la taza de café	*coffee cup*
el platillo, el platito	*saucer*
la tetera	*teapot*
la cafetera	*coffee pot*
el vaso	*glass*
la sal	*salt*
la pimienta	*pepper*
la mostaza	*mustard*
el salvamanteles	*mat* (for hot dish)
la jarra	*jug*
la botella	*bottle*
la vela	*candle*
el candelabro	*candlestick*
la bandeja	*tray*
rápidamente	*quickly*
despacio	*slowly*
comer	*to eat/have lunch*
beber	*to drink*
desayunar	*to have breakfast*
cenar	*to have dinner/supper*
servir	*to serve*

hacer	*to do/make*
llevar	*to take*
traer	*to bring*
poner	*to put*
pinchar	*to prick*
disfrutar	*to enjoy*
empezar	*to start*
terminar	*to finish*
acabar de hacer	*to have just done*
antes de hacer	*before doing*
después de hacer	*after doing*
empezar a hacer	*to start doing/to do*
terminar de hacer	*to finish doing*
estar haciendo	*to be doing*
poner la mesa	*to set the table*
preparar la comida	*to prepare the meal*
recoger la mesa	*to clear the table*
sentarse a la mesa	*to sit down at the table*
servirse algo	*to help yourself to something*
¡sírvete!	*help yourself!*
¡servíos verdura!	*help yourselves to vegetables!*
me gusta	*I like (it)*
me gustan	*I like (them)*
¿te gusta(n)...?	*do you like...?*
¿me pasas...?	*could you pass me...?*
¡Que aproveche!	*enjoy your meal!*

Language in action

- ¡Niños a comer! Venga, sentaos todos a la mesa. Que aproveche.
- ¿Quién ha puesto la mesa? Aquí faltan los cuchillos.
- La ha puesto Ana, como siempre.
- Ana, vete a por los cuchillos y trae el frutero que está en el aparador. Carlos, bebe despacio, que te vas a atragantar. Y tú Laura, acerca la silla a la mesa.
- Mamá, Carlos me está pinchando con el tenedor.
- Carlos, ¿qué estás haciendo? Venga, empieza a comer.
- ¿Me das un trozo de pan, mamá?
- No comas tanto pan y acaba de comerte la sopa. Y vosotros, Ana y Laura, servíos más. Carlos, pásame la sal, por favor.
- Toma mamá. ¿Qué hay después de la sopa?
- Carne con patatas.
- No me gusta la carne.
- Pues lo siento, tendrás que comértela. Esto no es un restaurante.

la cocina (amueblada)	(fitted) kitchen
la cocina de muebles empotrados	fitted kitchen
la cocina (eléctrica/de gas)	(electric/gas) cooker
el horno	oven
el tostador	toaster
el microondas	microwave (oven)
la cafetera eléctrica	coffee machine
la nevera	fridge
el congelador	freezer
el calentador	boiler/heater
la campana	extractor hood
el fregadero	sink
el grifo	tap, faucet
la mesa de la cocina	kitchen table
la encimera	work surface
el armario	cupboard, closet
el mueble	piece of furniture, unit
el cajón	drawer
el estante	shelf
el escurreplatos	plate-rack
el cubo de la basura	rubbish bin, garbage can
la tabla de cortar	chopping board
el cazo	saucepan
la tapa	lid
la sartén	frying pan
la olla exprés	pressure cooker
el cuenco	bowl
el cuchillo	knife
la cuchara	spoon
las tijeras	scissors
el sacacorchos (inv)	corkscrew
el abrelatas (inv)	can opener
la batidora	blender
el colador	sieve, colander
el papel de plata/de estaño	kitchen foil
el bote	storage jar
la botella	bottle
la lata	can
el paquete	packet
el papel de cocina	kitchen towel
el delantal	apron
el trapo de secar	tea towel

en	on/in
sobre	on/above/over
bajo/debajo de	under
encima de	over
con	with
sin	without
excepto	except
alguien	somebody
algo	something
por ejemplo	for example
cocinar	to cook, do the cooking
lavar	to wash
limpiar	to clean
cada día	every day
cada semana	every week
una vez al mes	once a month
de vez en cuando	occasionally
a veces	sometimes
en algún sitio	somewhere
hacer la comida	to make the meal
hacer la compra	to do the shopping
hacer las tareas de la casa	to do the housework
lavar los platos	to do the washing-up
abrir/cerrar el grifo	to turn on/off the tap
sacar la basura	to take out the bin
cómodo/cómoda	convenient
práctico/práctica	practical, handy, convenient
útil	useful
ordenado/ordenada	tidy

Language in action

¡Una cocina nueva por sólo 90.000 pesetas!
Cocina de muebles empotrados con puertas de pino y encimera con acabado de mármol verde.
 Contiene:
*Mueble alto para escobas, aspirador, tabla de la plancha...
*Mueble sobre campana extractora.
*Mueble con fregadero. Fregadero simple de acero inoxidable. Grifo de un mando color cromo.
*Mueble con escurreplatos. Amplio espacio para cacerolas y sartenes.
*Mueble bajo con cajones de 40 cms de ancho.
*Mueble sobre frigorífico o frigorífico/congelador.
*Mueble para horno.

10 Home 5: housework

la limpieza general	spring cleaning
la tarea	job, task
las tareas de la casa	housework
la mujer de la limpieza	cleaning lady
el aspirador/ la aspiradora (M/F)	vacuum cleaner
la escoba	(sweeping) brush
el recogedor	dustpan
el cubo	bucket
el barreño	washing-up bowl
la bayeta	cloth
la esponja	sponge
el guante de goma	rubber glove
el lavavajillas	washing-up liquid/ dishwasher
los productos de limpieza	cleaning products
el limpiacristales	window cleaner (product)
la lejía	bleach
el polvo	dust
el trapo del polvo	duster
el spray	aerosol, spray can
la cera	(wax) polish
el cubo de la basura	dustbin, garbage can
la bolsa de la basura	bin liner
el lavaplatos	dishwasher
la lavadora	washing machine
el jabón líquido/en polvo	washing liquid/powder
el detergente	washing powder
el suavizante	fabric softener
la secadora	tumble dryer
el cesto de la ropa	linen basket
la cuerda para tender	washing line
la pinza de la ropa	clothes peg
la plancha	iron/ironing
la tabla de planchar	ironing board
la máquina	machine
la máquina de coser	sewing machine
la grasa	grease
la suciedad	dirt
el cristal	window(pane)
la baldosa	floor tile
el suelo	floor

difícil	difficult, hard
fácil	easy
mojado/mojada	wet
seco/seca	dry
limpio/limpia	clean
sucio/sucia	dirty
grasiento/grasienta	greasy
desordenado/ desordenada	messy, untidy
a conciencia	thoroughly
ensuciarse	to get dirty
limpiar	to clean
ordenar	to tidy up
barrer	to sweep
fregar	to wash
frotar	to rub
mojar	to wet
secar	to dry
llenar	to fill
vaciar	to empty
planchar	to iron, to do the ironing
hacer la limpieza	to do the cleaning
hacer la colada	to do the washing
fregar los platos	to wash up
tender la ropa	to hang out the washing
limpiar los cristales	to clean the windows
pasar el aspirador	to vacuum
limpiar el polvo	to dust
poner cera a	to polish

Language in action

Notas para la limpieza general

Lunes
Pasar el aspirador y limpiar el polvo a conciencia.
Limpiar la cocina y fregar el suelo (la cocina está muy grasienta).

Martes
Limpiar el baño.
Hacer las camas con sábanas limpias y lavar la ropa.

Miércoles
Limpiar los cristales y poner cera a los muebles.
Planchar la ropa.

la cuchara (de madera)	*(wooden) spoon*
la cuchara de sopa	*tablespoon*
la cucharada	*spoonful*
la cucharadita	*teaspoonful*
el ingrediente	*ingredient*
la especia	*spice*
las hierbas aromáticas	*herbs*
el diente de ajo	*clove of garlic*
la mezcla	*mixture*
la masa	*dough*
la pasta	*paste*
la salsa	*sauce*
el trozo	*piece*
la loncha	*slice (of ham, cheese)*
la rebanada	*slice (of bread)*
la piel	*skin, peel*

caliente	*hot*
frío/fría	*cold*
templado/templada	*(luke)warm*
congelado/congelada	*frozen*
espeso/espesa	*thick*
claro/clara	*thin (sauces, etc.)*
fino/fina	*fine, thin*
finamente	*finely*
fresco/fresca	*fresh*
picado/picada	*minced*
liso/lisa	*smooth*
listo/lista	*ready*
rápidamente	*quickly*
lentamente	*slowly*
cuidadosamente	*gently*

encender	*to light, turn on*
apagar	*to turn off*
cocinar	*to cook, do the cooking*
calentar	*to heat*
enfriar	*to cool*
hervir	*to boil*
cocer	*to boil, poach*
quemar	*to burn*
dorar	*to brown*
freír	*to fry*
sofreír	*to sauté/fry lightly*
hacer al grill	*to grill, broil*

asar	*to roast*
descongelar	*to defrost, thaw* (food)
revolver	*to stir*
batir	*to beat*
mezclar	*to mix*
añadir	*to add*
sazonar	*to season*
pelar	*to peel*
cortar	*to cut*
picar	*to mince/chop finely*
servir	*to serve*
llenar	*to fill*
vaciar	*to empty*
quitar	*to remove*
sacar	*to take out*
a fuego vivo/lento	*on a high/low heat*
subir/bajar el fuego	*to turn up/lower the heat*
a fuego medio	*on a medium heat*
terminar de hacer	*to finish doing*
cortar en trozos	*to chop*
cortado/cortada a rojadas	*sliced*
en conserva	*canned*
batir nata/claras a punto de nieve	*to whip cream/egg whites*
hervir a fuego lento	*to simmer*

Language in action

¡Mi marido Paco me saca de quicio! Ayer llegó del trabajo y dijo: hoy cocino yo. Voy a hacer ensalada de arroz y piña y tortilla francesa. "¡Qué bien!" dije yo, "Yo te ayudo". Paco va a la cocina y saca la piña de la nevera. Mientras yo lleno la cacerola con agua, añado sal y enciendo el fuego. Paco empieza a pelar la piña poco a poco. Cuando el agua empieza a hervir, pongo el arroz y lo remuevo un poco. Paco sigue pelando la piña. Entonces cojo unos huevos y los bato. Añado sal. Paco mientras ha empezado a cortar la piña a rodajas. Yo enciendo el fuego. Cojo una sartén, pongo aceite y la pongo al fuego. Miro a Paco: ha empezado a cortar las rodajas en trozos. Cuando el aceite está caliente echo el huevo en la sartén. Paco sigue cortando la piña en trozos. La tortilla ya está hecha, así es que la saco de la sartén y la pongo en un plato. Luego quito el arroz del fuego, lo escurro, lo pongo en una ensaladera y añado mahonesa. Yo he terminado de hacer todo y Paco que sigue cortando la piña. Le chillo: "¡¡¡Termina de una vez de cortar la piña!!!". Paco me mira y dice: "Nunca más te hago la cena". Y sale de la cocina muy digno.

el dormitorio	*bedroom*
la cama	*bed*
el armario	*cupboard, wardrobe, closet*
la lámpara	*lamp*
el despertador	*alarm clock*
el edredón	*quilt, duvet, comforter*
el edredón nórdico	*duvet*
la funda de edredón	*duvet cover*
la manta	*blanket*
la sábana	*sheet*
la almohada	*pillow*
la colcha	*bedspread*
el cuarto de baño	*bathroom*
la bañera	*bath(tub)*
la ducha	*shower*
el lavabo	*handbasin*
el baño	*toilet*
el grifo	*tap*
el agua fría/caliente (F)	*cold/hot water*
la esponja	*sponge*
el jabón	*soap*
la toalla (de baño)	*(bath) towel*
la alfombra de baño	*bathmat*
el espejo	*mirror*
el peine	*comb*
el cepillo	*brush*
el cepillo de dientes	*toothbrush*
el cepillo de las uñas	*nailbrush*
las tijeras	*scissors*
la cuchilla de afeitar	*razor*
la maquinilla de afeitar	*electric razor*
el secador	*hairdrier*
el papel higiénico	*toilet paper*
el gel de baño/ducha	*bath/shower gel*
el champú	*shampoo*
la crema	*cream*
la espuma de afeitar	*shaving foam*
la crema hidratante	*moisturizer*
la pasta de dientes/el dentífrico	*toothpaste*
el desodorante	*deodorant*
el maquillaje	*make-up*

pronto	*early*
tarde	*late*
profundamente	*deeply, soundly*
solo/sola	*on one's own, by oneself*
bostezar	*to yawn*
dormir	*to sleep*
dormirse	*to fall asleep*
soñar	*to dream*
tumbarse	*to lie down*
despertarse	*to wake up*
levantarse	*to get up*
desvestirse	*to get undressed*
vestirse	*to get dressed*
lavarse	*to wash (oneself)*
bañarse	*to have a bath*
ducharse	*to have a shower*
maquillarse	*to put on one's make-up*
afeitarse	*to shave*
quitarse el maquillaje	*to remove one's make-up*
lavarse la cabeza	*to wash one's hair*
lavarse los dientes	*to clean one's teeth*
tener sueño	*to be sleepy*
irse a la cama	*to go to bed*
¡buenas noches!	*good evening/goodnight!*
¡que duermas bien!	*sleep well!*
olvidarse de hacer algo	*to forget to do something*

Language in action

- Hola, María, ¡Qué suerte que hayas podido venir a cuidar a Pablo esta noche!
- No es ningún problema. Esta noche no tenía nada que hacer.
- Te voy a explicar un poco la rutina. Ahora está jugando, pero dentro de una hora puedes bañarlo. No hace falta que le laves la cabeza, pero tienes que usar este gel de baño especial porque tiene la piel delicada.
- ¿Este frasco verde? De acuerdo.
- Tendrás que ayudarlo a desvestirse porque aún no sabe hacerlo solo. Aquí está su pijama. He dejado tu cena y la del niño preparadas. Después de cenar puede jugar un poco, pero a las nueve tiene que irse a la cama. Y que no se le olvide lavarse los dientes antes de acostarse. Puedes leerle un cuento antes de que se duerma, pero a las nueve y cuarto le das las buenas noches y apagas la luz.
- De acuerdo.

la casa de campo	holiday cottage
el jardín	garden, yard
el huerto	vegetable garden
el fertilizante	fertilizer
la hierba	grass
el césped	lawn
el árbol	tree
el árbol frutal	fruit tree
el arbusto	shrub
la rama	branch
la hoja	leaf
la flor	flower
la mala hierba	weed
la planta	plant
el macizo de flores	flowerbed
el seto	hedge
la cerca	fence
la herramienta	tool
la pala	spade
el rastrillo	rake
la regadera	watering can
el cortacésped	lawnmower
la carretilla	wheelbarrow
el invernadero	greenhouse
el garaje	garage
la gravilla	gravel
el animal de compañía	pet
el pájaro	bird
el loro	parrot
el periquito	budgie
el gato/la gata	cat
el gatito/la gatita	kitten
el perro/la perra	dog
el cachorro/la cachorra	puppy
el pez	goldfish
la tortuga	tortoise
el conejo/la coneja	rabbit
el conejillo de Indias	guinea pig
el hámster	hamster
el ratón	mouse
el caballo	horse
la mosca	fly
la abeja	bee

la avispa	wasp
el mosquito	mosquito
llano/llana	flat
salvaje	wild
bien cuidado/bien cuidada	well looked after
maduro/madura	ripe
verde	not ripe
cavar	to dig
plantar	to plant
regar	to water
cortar	to cut
coger	to pick
jugar	to play
arreglar	to clean, tidy/fix
crecer	to grow
cultivar	to grow
cultivar tomates	to grow tomatoes
recoger	to pick/gather
podar	to prune
quitar las malas hierbas	to weed
regar las plantas	to water the plants
dar de comer a	to feed
sacar a pasear al perro	to take the dog for a walk
hacer un favor a alguien	to do someone a favour

Language in action

- ¿Dígame?
- Hola, Sara. Soy Ángeles. Te llamo para preguntarte si puedes cuidar de mi gato este fin de semana.
- ¿Este fin de semana? No sé si puedo.
- Venga mujer, hazme ese favor. Yo te regué las plantas cuando te fuiste de vacaciones. Solo tienes que venir a darle de comer una vez al día.
- ¿No tengo que sacarlo a pasear ni nada?
- ¡Claro que no, idiota, es un gato, no un perro!
- Bueno, vale, haré un esfuerzo. ¿Dónde te vas?
- Juan me ha invitado a pasar el fin de semana con él en la casa de campo de sus padres. Creo que es preciosa. Tiene jardín y una piscina y árboles frutales y todo. Voy a pasar el fin de semana descansando, tomando el sol y comiendo fruta madura. ¿No te da envidia?
- No, no me da nada de envidia. Seguro que pasarás todo el fin de semana con una pala en la mano, quitando las malas hierbas y podando árboles.

la fiesta	*party*
la invitación	*invitation*
el anfitrión/la anfitriona	*host*
el invitado/la invitada	*guest*
la música	*music*
el grupo	*group, band*
el vaso	*glass*
el vaso de plastico	*plastic cup*
la servilleta (de papel)	*(paper) napkin*
el mantel (de papel)	*paper tablecloth*
la bebida	*drink*
el refresco	*soft drink*
la coca cola	*coca cola*
la naranjada	*orange drink*
el zumo de fruta	*fruit juice*
el alcohol	*alcohol*
la cerveza	*beer*
el vino tinto/blanco	*red/white wine*
el champán	*champagne*
el cava	*cava (sparkling wine)*
la comida	*meal*
las patatas fritas	*crisps, chips*
las cosas de picar	*nibbles*
el pastel	*cake*
el cumpleaños	*birthday*
el aniversario de boda	*wedding anniversary*
el santo	*name day*
el día de la madre	*Mother's Day*
el día del padre	*Father's Day*
las Navidades	*Christmas period*
la Nochebuena	*Christmas Eve*
el día de Navidad	*Christmas Day*
la Nochevieja	*New Year's Eve*
el día de Año Nuevo	*New Year's Day*
el día de Reyes	*Epiphany*
el día de los enamorados	*St Valentine's Day*
el carnaval	*carnival*
la Semana Santa	*Holy Week (Easter)*
el viernes Santo	*Good Friday*
divertido/divertida	*fun*
genial, fenomenal	*great, terrific*
raro/rara	*strange*

ruidoso/ruidosa	*noisy*
invitar	*to invite*
telefonear	*to telephone*
organizar	*to organize*
celebrar	*to celebrate*
responder	*to reply*
recibir	*to welcome, receive*
divertirse	*to enjoy oneself*
reír	*to laugh*
sonreír	*to smile*
bailar	*to dance*
cantar	*to sing*
escuchar	*to listen (to)*
dar regalos	*to give presents*
una fiesta de disfraces	*a fancy-dress party*
disfrazado de	*dressed-up as*
me encantaría	*I'd love to*
no voy a poder ir	*I won't be able to come*
beber a la salud de alguien	*to drink to someone's health*
¿qué quieres beber?	*what would you like to drink?*
pasarlo bien/fenomenal	*to have a good/great time*
o mejor...	*better...*

Language in action

Hola chicos. He repartido las tareas para nuestra fiesta de disfraces:

Carlos:
- Mandar las invitaciones (diciendo que es una fiesta de disfraces y que hay que venir disfrazado de romanos). Pedirles que respondan a la invitación.
- Seleccionar la música para bailar. Nada de música rara.
- Telefonear a los vecinos y avisarlos de que será una fiesta ruidosa. ¡O mejor que vengan a la fiesta si quieren divertirse!

Felix: (como tienes coche te toca hacer la compra)
- Comprar los vasos y los platos de papel. ¡También servilletas!
- Comprar la bebida. Muy importante: no compres sólo cerveza. También vino y mucho cava. Y algún refresco. Hay gente que no quiere beber alcohol.
- Comprar las cosas de comer: pan, jamón, patatas fritas..., esas cosas.

Me encantaría ayudaros con esto pero tengo trabajo. Yo me encargo de hacer los sándwiches el día de la fiesta. ¡Ah! Y Lucía ha dicho que lo siente mucho, pero que no puede venir (¡mala suerte Carlos!). ¡Vamos a pasarlo fenomenal!

15 Time expressions

el tiempo	time
el año	year
el mes	month
la semana	week
la fecha	date
el día	day
la mañana	morning
la tarde	afternoon/evening
la noche	night
la madrugada	early hours of the morning
el mediodía	midday
la medianoche	midnight
hoy	today
mañana	tomorrow
ayer	yesterday
la víspera (de)	the day/evening before
la media hora	half hour, half an hour
el cuarto de hora	quarter of an hour
la hora	hour/time
el minuto	minute
el segundo	second
el reloj	clock
el reloj de pulsera	watch
la manecilla	hand (on clock, watch)
la esfera	face (of clock, watch)
el despertador	alarm clock
ya	already
aún	still/yet/even
todavía	still/yet/even
después	after
antes	before
desde	since
durante	during
mientras	while/in the meantime
casi	almost
último/última	last
próximo/próxima	next
¿cuánto?	how much?
¿cuántos/cuántas?	how many?
¿cuándo?/cuando	when?/when
siguiente	following
pronto	early/soon
tarde	late

antes de ayer	*the day before yesterday*
pasado mañana	*the day after tomorrow*
el día después (de)	*the day after*
el fin de semana	*the weekend*
¿desde cuándo?	*since when?*
¿desde cuándo vives aquí?	*how long have you been living here?*
desde hace cinco años	*for five years*
lo conozco desde hace tres años	*I've known him for three years*
hace cinco años	*five years ago*
justo antes/después	*just before/after*
la víspera/el día después del partido	*the day before/after the match*
el año que viene/el año pasado	*next/last year*
la semana que viene/la semana pasada	*next/last week*
el próximo año	*next year*
la próxima semana	*next week*
¿qué hora es?	*what time is it?*
son las diez	*it's ten o'clock*
es la una	*it's one o'clock*
son las diez y media	*it's half past ten*
son las diez y cuarto	*it's quarter past ten*
son las diez menos cuarto	*it's quarter to ten*
a las diez y veinte	*at twenty past ten*
a las diez menos veinte	*at twenty to ten*
son y media	*it's half past*
son y cuarto/son menos cuarto	*it's quarter past/quarter to*
son las quince treinta	*it's 15.30*
son las cuatro cuarenta y seis	*it's 4.46*
dentro de media hora	*in half an hour*
dentro de un cuarto de hora	*in a quarter of an hour*
es hora de comer	*it's time for lunch*
llegar pronto	*to be early*
llegar tarde	*to be late*
llegar a la hora	*to be on time*
al mismo tiempo	*at the same time*

la tienda	shop, store
la tienda de alimentación	grocer's shop
el mercado	market
el supermercado	supermarket
el hipermercado	hypermarket
el aparcamiento	carpark
la entrada	entrance
la salida (de emergencia)	(emergency) exit
el escaparate	(shop) window
la escalera mecánica	escalator
las rabajas	sales
la carnicería	butcher's (shop)
la pescadería	fishmonger's (shop)
la verdulería	greengrocer's (shop)
la frutería	fruit shop
la panadería	baker's (shop)
la pastelería	cake shop
la bodega	wine shop, liquor store
los grandes almacenes	department store
la tienda de ropa	clothes shop
la zapatería	shoe shop
la tintorería	dry cleaner's
la limpieza en seco	dry cleaning
la mercería	haberdasher's (shop)
la joyería	jeweller's (shop)
la librería	bookshop
la papelería	stationer's (shop)
el quiosco de periódicos	newspaper stand
la droguería	hardwear shop
la ferretería	ironmonger's (shop)
la farmacia	pharmacy
el estanco	tobacconist's (shop)
la peluquería	hairdresser's
la óptica	optician's
el banco	bank
la caja de ahorros	savings bank
la oficina de correos/la estafeta de correos	post office
el vendedor/la vendedora	sales assistant
el cajero/la cajera	checkout assistant
el encargado/la encargada	manager
el/la cliente	customer

comprar	*to buy*
vender	*to sell*
querer	*to want*
buscar	*to look for*
encontrar	*to find*
coger	*to take*
mirar	*to look (at)*
elegir/seleccionar	*to choose*
pesar	*to weigh*
preguntar	*to ask*
pedir	*to ask for*
ayudar	*to help*
pagar	*to pay (for)*
ir	*to go*
entrar	*to go/come in*
salir	*to go/come out*
ir de compras	*to go shopping*
hacer la compra	*to do the (food) shopping*
de buena/mala calidad	*good/bad quality*
¿cuánto cuesta/ cuestan...?	*how much is/are...?*
¿a cuánto está/están...?	*how much is/are...?*
¿cuánto cuestan los tomates?	*how much are the tomatoes?*
en la peluquería/ farmacia	*in the hairdresser's/ pharmacy*
de venta en este establecimiento	*on sale here*
horas de apertura	*opening hours*
cerrado por vacaciones	*closed for holidays*
se ruega no tocar	*please do not touch*
precios increíbles	*amazing prices*

Language in action

Lista de cosas que hacer:
- Ir a la panadería: preguntar a la encargada si abren el domingo.
- Ir a la pastelería: encargar la tarta
- Ir a la zapatería: preguntar cuándo empiezan las rebajas.
- Ir al mercado: hacer la compra de la semana. En la frutería pagar la cuenta del mes. En la pescadería, comprar salmón para la cena del domingo.
- Ir al supermercado: comprar zumo si está de oferta.
- Pasar por la caja de ahorros y sacar dinero.

la ropa	*clothes*
la camisa	*shirt*
la blusa	*blouse*
el vestido	*dress*
la falda	*skirt*
la camiseta	*T-shirt*
el chaleco	*waistcoat, vest (US)*
la rebeca/la chaqueta (de punto)	*cardigan*
el jersey	*jumper, sweater*
la sudadera	*sweatshirt*
la chaqueta	*jacket*
el traje	*suit*
el traje de chaqueta	*suit (woman's)*
el traje pantalón	*trouser suit, pantsuit*
el pantalón/los pantalones	*trousers, pants*
el vaquero/los vaqueros	*jeans*
los shorts	*shorts*
los leggins/las mallas	*leggings*
el chándal	*tracksuit*
el calcetín	*sock*
los pantis/las medias	*tights, pantie hose*
las bragas	*knickers, panties*
el sujetador	*bra*
los calconcillos	*underpants, shorts (US)*
el bañador	*swimsuit/swimming trunks*
el camisón	*nightdress*
el pijama	*pyjamas*
el abrigo	*coat/overcoat*
el impermeable	*raincoat*
el zapato	*shoe*
la deportiva	*trainer*
la bota	*boot*
la playera	*canvas shoe*
el botón	*button*
el bolsillo	*pocket*
el cuello	*neck (of garment)*
la manga	*sleeve*
el largo	*length*
la talla	*size*
el número de pie/de zapato	*shoe size*
el probador	*fitting room*

de manga corta/larga	short/long-sleeved
sin mangas	sleeveless
de cuello vuelto	polo-necked
de plataforma	platform (soled)
forrado/forrada	lined
estrecho/estrecha	tight
ajustado/ajustada	close-fitting
holgado/holgada	loose-fitting
acolchado/acolchada	padded/quilted
demasiado	too/too much
pequeño/pequeña	small
mediano/mediana	medium
grande	big
extra grande	extra large
probarse	to try (on)
cambiar (por)	to exchange (for)
aconsejar	to advise
ir de tiendas	to go round the shops
ir a ver escaparates	to go window-shopping
¿le puedo ayudar en algo?	would you like any help?
sólo estoy mirando	I'm just looking
¿qué tal le queda?	how does it fit (you)?
me queda perfectamente	it fits perfectly
¿tiene una talla más grande/más pequeña?	do you have a larger/smaller size?
¿cómo quiere pagar?	how would you like to pay?
pagar en efectivo	to pay cash
pagar con talón/tarjeta	to pay by cheque/card

Language in action

- Hola, ¿le puedo ayudar en algo?
- Quería cambiar estos pantalones.
- ¿Cuál es el problema?
- La chaqueta me queda bien, pero los pantalones me aprietan un poco en la cintura. Es una 36 ¿podría darme una talla más grande?
- Por supuesto, aquí tiene. La talla 38 ¿Se la quiere probar?
- Sí, aquí tiene la otra.
- ¿Qué tal le está?
- Esta talla me queda perfectamente. Me los llevo. Y quiero también esta camiseta de manga larga.
- Muy bien. ¿Cómo quiere pagar? ¿En efectivo o con tarjeta?
- Con tarjeta, por favor.

el pañuelo	(small) scarf, handkerchief
la pañoleta	scarf (large, square)
el fular	scarf (long)
el guante	glove
el par de guantes	pair of gloves
el sombrero	hat
el gorro de lana	woolly hat
la boina	beret
el cinturón	belt
la bolsa	bag
el bolso	handbag, purse (US)
el bolso (de bandolera)	shoulder bag
la bolsa de viaje	travel bag
el maletín	briefcase
la mochila	rucksack
el monedero	purse, change purse
la cartera	wallet, billfold
el llavero	keyring
las joyas	jewellery
el collar	necklace
la cadena	chain necklace
el colgante	pendant
el pendiente	earring
la cuenta	bead
la perla	pearl
el aro	hooped earring
el broche	brooch
la pulsera	bracelet
el anillo	ring
el anillo de compromiso	engagement ring
la alianza, el anillo de bodas	wedding ring
el reloj de pulsera	watch
el pasador del pelo	hairslide, barette
la horquilla	hairgrip, bobbie pin
la cinta del pelo	hairband
el maquillaje	make-up
la base de maquillaje	foundation
los polvos de tocador	face powder
el pintalabios	lipstick
el colorete	blusher
el maquillaje de ojos	eye make-up

la sombra de ojos	eye shadow
el rímel	mascara
el esmalte de uñas	nail varnish
el quitaesmaltes	nail varnish remover
los artículos de perfumería	toiletries
la leche limpiadora	make-up remover
el tónico	toning lotion
la crema hidratante	moisturizer
la crema de manos	hand cream
el perfume	perfume
el agua de colonia, la colonia	toilet water
el aftershave	after-shave
la crema de afeitar	shaving cream
el champú	shampoo
el suavizante	conditioner
el tinte del pelo	hair dye
la laca	hairspray
la espuma del pelo	hair mousse
el rulo	curler, roller
el peine	comb
el cepillo del pelo	hairbrush
el secador	hairdryer
la espuma de baño	foam bath
el gel de baño	shower gel
el desodorante	deodorant
la pasta de dientes, el dentífrico	toothpaste
el cepillo de dientes	toothbrush
la crema depilatoria	hair-removing cream
las pinzas	tweezers
las tijeras	scissors
la lima de uñas	nail file
la bolsa de baño	toilet bag
la bolsita del maquillaje	make-up bag
maquillarse	to put on one's make-up
quitarse el maquillaje	to remove one's make-up
lavarse la cabeza	to wash one's hair
cepillarse el pelo	to brush one's hair
teñirse el pelo	to dye one's hair
un pañuelo de seda	a silk scarf
un cinturón de cuero	a leather belt
una pulsera de oro/plata	a gold/silver bracelet
un anillo de diamantes	a diamond ring

el café (molido)	(ground) coffee
el café en grano	coffee beans
el café instantáneo	instant coffee
el cacao en polvo	drinking chocolate
el té	tea
la manzanilla	camomile tea
el vino	wine
la cerveza	beer
las bebidas alcohólicas	spirits
el zumo de fruta/de naranja	fruit/orange juice
el agua mineral (F)	mineral water
la galleta	biscuit, cookie
la madalena	sponge cake
los cereales	cereal(s)
la mermelada	jam/marmalade, jelly (US)
el arroz	rice
la pasta	pasta
la sopa	soup
las lentejas	lentils
los garbanzos	chickpeas
las conservas	tinned goods
los alimentos congelados	frozen food
la harina	flour
el azúcar (F)	sugar
la sal	salt
la pimienta	pepper
las hierbas	herbs
las especias	spices
el aceite de oliva/de maíz/ de girasol	olive/corn/sunflower oil
el vinagre	vinegar
la mostaza	mustard
la salsa de tomate	tomato sauce
las aceitunas	olives
las patatas fritas	crisps, chips
los cacahuetes	peanuts
las sardinas	sardines
las anchoas	anchovies
los carmelos	sweets, candy
el chocolate	chocolate
los frutos secos	dried fruit
la comida para animales	pet food
la botella	bottle

la bote/la lata	*tin, can*
el paquete	*packet*
la bolsa	*bag*
el carrito	*trolley*
la cesta	*basket*
la caja	*checkout/till*
la balda	*shelf (in shop, fridge)*
la sección	*section*
la sección de vinos	*wine section*
el mostrador	*counter*
el mostrador de quesos	*cheese counter*
la entrada	*entrance*
la salida (de emergencia)	*(emergency) exit*
pesado/pesada	*heavy*
ligero/ligera	*light*
bastante	*enough (of)*
mucho/mucha	*a lot (of)*
muchos/muchas	*many*
demasiado/demasiada	*too much (of)*
en oferta especial	*on special offer*
precios increíbles	*incredible prices*
a mitad de precio	*(at) half price*
a la derecha (de)	*on the right (of)*
a la izquierda (de)	*on the left (of)*
pasar por caja	*to go to the checkout*
hacer cola	*to queue*
¿me puede ayudar?	*can you help me?*

Language in action

En el supermercado 'Vaya ahorro' tenemos hoy muchas ofertas especiales para nuestros clientes: compre un paquete de café molido 'Cafeto' y llévese otro. Compre dos paquetes de harina 'El trigal' y le regalamos una botella de aceite de oliva 'La aceituna alegre'. Y por si eso no fuera bastante, las madalenas 'Bocado dulce' ¡están hoy a mitad de precio! Le recomendamos también que se acerque a nuestra sección de vinos, situada a la derecha de la entrada, donde también encontrará precios increíbles. Y le recordamos que si desea cambiar sus puntos-regalo debe hacer cola en la caja número 10, cerca del mostrador de carne. Si su carrito o su cesta son muy pesados, no dude en dirigirse a un miembro de nuestro personal, que le ayudará encantado a llevarlo al coche. Gracias por comprar en supermercados 'Vaya ahorro'.

las verduras	*vegetables*
la alcachofa	*artichoke*
los espárragos	*asparagus*
la berenjena	*aubergine, eggplant*
el brécol/el brócoli	*broccoli*
el apio	*celery*
los guisantes	*peas*
el pimiento verde/rojo	*red/green pepper*
la patata	*potato*
el champiñón	*mushroom*
el repollo	*cabbage*
las coles de Bruselas	*Brussels sprouts*
la coliflor	*cauliflower*
la zanahoria	*carrot*
el nabo	*turnip*
el puerro	*leek*
el calabacín	*courgette, zucchini*
la endivia	*chicory, endive*
las espinacas	*spinach*
las judías verdes	*green beans*
las habas	*broad beans, lima beans*
el maíz	*sweetcorn*
la cebolla	*onion*
el ajo	*garlic*
la lechuga	*lettuce*
el tomate	*tomato*
el aguacate	*avocado*
el pepino	*cucumber*
la fruta	*fruit*
la manzana	*apple*
la pera	*pear*
el albaricoque	*apricot*
el melocotón	*peach*
la nectarina	*nectarine*
el plátano	*banana*
las uvas	*grapes*
el higo	*fig*
la fresa	*strawberry*
la frambuesa	*raspberry*
el melón	*melon*
la cereza	*cherry*
la ciruela	*plum*
la naranja	*orange*

el limón	lemon
la lima	lime
el pomelo	grapefruit
la clementina	clementine
maduro/madura	ripe
pasado/pasada	over-ripe
podrido/podrida	rotten
hermoso/hermosa	beautiful
rico/rica	nice (in taste)
fresco/fresca	fresh
nuevo/nueva	new
biológico/biológica	organic
de la tierra	locally grown
barato/barata	cheap
caro/cara	expensive
¿cuánto quiere?	how much would you like?
¿cuántos/cuántas quiere?	how many would you like?
¿cuánto le pongo?	how much shall I give you?
¿cuántos/cuántas le pongo?	how many shall I give you?
¿quiere algo más?	would you like anything else?
¿algo más?	anything else?
eso es todo, gracias	that's all, thanks

Language in action

- Hola Manuel
- Hola, señora Rosa, ¡qué guapa la veo! ¿qué le pongo?
- Quiero un kilo de tomates, pero cuidadito no me los pongas muy maduros, que la última vez estaban casi pasados. Y que tampoco estén muy verdes.
- Aquí los tiene, mire que hermosura de tomates.
- Pschi. No están mal. ¿A cuánto están las manzanas?
- A 200 pesetas el kilo. Muy baratas.
- Ponme dos kilos. Y un par de lechugas, tres kilos de patatas nuevas y tres puerros grandes ¿Es buena la fresa?
- Sí señora. Aquí todo es de la mejor calidad.
- Pues la última vez no sabían a nada.
- Pruebe ésta, ya verá qué sabor.
- Mmmm, sí, está muy rica. Ponme seiscientos gramos. Esas peras ¿son de la tierra?
- No señora, son biológicas.
- ¿Biológicas? ¿Y eso qué es?
- Que no han usado fertilizantes. Cuestan 400 pts el kilo.
- ¡400 pesetas! ¡Qué barbaridad! Pero si son buenas, me llevaré medio kilo.

la carne	meat
la carne de vaca	beef
la ternera	veal
el cerdo	pork
el cordero	lamb
el pollo	chicken
el pavo	turkey
el conejo	rabbit
el filete	steak
la chuleta	chop
el filete de cerdo	pork steak
la carne picada	mince
la pierna de cordero	leg of lamb
el muslo de pollo	chicken leg
le pechuga de pollo	chicken breast
el hígado	liver
el riñón	kidney
el beicon/el bacon	bacon
el tocino	salt pork
la morcilla	black pudding
la salchicha	sausage
el salchichón	salami-type sausage
el chorizo	chorizo (Spanish sausage)
el jamón de York	ham
el jamón serrano	cured raw ham
el huevo	egg
el pescado	fish
el filete de pescado	fillet
la merluza	hake
la pescadilla	whiting
el besugo	red bream
el arenque	herring
la caballa	mackerel
el bacalao	salt cod
el salmón (ahumado)	(smoked) salmon
el atún	tuna
la trucha	trout
la sardina	sardine
la anchoa	anchovy
el mejillón	mussel
la ostra	oyster
la gamba	prawn
la langosta	lobster

la almeja	clam
la cigala	crayfish (sea)
el cangrejo	crab
los productos lácteos	dairy products
la leche	milk
la nata líquida	single cream
la nata para montar	double cream
la nata montada	whipped cream
la mantequilla	butter
la margarina	margarine
el queso	cheese
la leche desnatada/ semidesnatada	skimmed/semi-skimmed milk
la leche entera	full fat milk
el yogur	yoghurt
el pan	bread
el panecillo	bread roll
el pan integral	wholemeal bread
crudo/cruda	raw
curado/curada	cured
ahumado/ahumada	smoked
cocido/cocida	cooked (ham)
fresco/fresca	fresh
de granja	free-range
casero/casera	homemade

Language in action

¿Te vienes a comer a casa el sábado? He traído unas chuletas de cordero estupendas.
Lo siento, no puedo comer cordero. Soy vegetariano.
No te preocupes, hombre, te puedo hacer unos huevos fritos con morcilla.
No, tampoco puedo comer morcilla. La morcilla es carne.
¿Entonces qué comes?
Verdura, lentejas...
Bien, entonces puedo hacer judías con jamón.
Pero el jamón es carne.
Sí, es verdad. Pues entonces unas lentejas con chorizo.
No, lo siento. Tampoco puedo comer chorizo. El chorizo es carne, y ya te he dicho que no como carne.
Bueno, mira, mejor no vengas a comer.

el acero	steel
el acero inoxidable	stainless steel
el cobre	copper
el bronce	brass
el hierro	iron
el cemento	cement
la madera	wood
el tablón	plank, piece of wood
el plástico	plastic
el cristal	glass
el azulejo	tile
la baldosa	tile/floor tile
el alicatado	tiling
la pieza	piece
la herramienta	tool
el martillo	hammer
el destornillador	screwdriver
la sierra	saw
la llave inglesa	spanner, monkey wrench
el cincel	chisel
las tijeras	scissors
los alicates	pliers
la taladradora	(electric) drill
el clavo	nail
el tornillo	screw
el agujero	hole
el papel de lija	sandpaper
el cepillo de carpintero	plane
el papel pintado	wallpaper
la cola/el pegamento	glue
el aceite	oil
la pintura (al agua)	(emulsion) paint
la pintura esmalte	gloss paint
el barniz	varnish
el pincel	paintbrush
el rodillo	paint roller
el decapante	paint stripper
la escalera de mano	stepladder
el enchufe	plug
el alambre	wire
el ancho	width
la longitud	length
el alto	height

el borde	edge
el lado	side
pegar	to glue
construir	to build, construct
cortar	to cut
intentar (hacer)	to try (to do)
instalar	to install, put in
medir	to measure
montar	to put up, put together
arreglar	to repair
serrar	to saw
utilizar	to use
atornillar	to screw
señalar	to indicate/point (out)
grueso/gruesa	thick
hermético/hermética	watertight
fino/fina	fine, thin
largo/larga	long
resistente	tough
hacer un agujero	to make a hole
una tabla de madera	a piece of wood
un tablón de treinta cm de ancho	a piece of wood/plank 30 cm wide
un tablón de ciento cincuenta cm de largo	a piece of wood 150 cm long

Language in action

Una librería para montar

Contenidos del paquete: Dos piezas de madera de 150 cm de largo y 30 cm de ancho. Cuatro piezas de madera de 60 cm de largo y 30 cm de ancho. Tabla de madera de 150 cm x 60 cm. Dieciséis tornillos. Clavos. Un paquete de cola.
Poner un poco de cola en los bordes de los tablones de 60 x 30. Formar una 'L' con uno de los tablones de 60 x 30 y uno de los tablones de 150 x 30, haciendo coincidir los lados de 30. Con un destornillador, poner los tornillos en los agujeros ya hechos. Hacer lo mismo con los otros tablones, en el lugar señalado por los agujeros. Poner el otro tablón de 150 x 30 en los otros extremos de los tablones de 60 x 30. Poner los tornillos y apretar bien. Tendrás un cuadrado con dos líneas en el centro. Dar la vuelta a la estantería. Poner la tabla de madera de 150 x 60 sobre la parte de atrás de la estantería y sujetarla con los clavos. Éste será el fondo de la estantería. Lijar los bordes con un poco de papel de lija. La estantería está lista para pintar o barnizar.

la televisión	*television*
la tele*	*TV, telly*
la televisión por cable	*cable television*
la pantalla	*screen*
el canal de televisión	*(television) channel*
la película	*film*
el programa	*programme*
la telenovela/el culebrón*	*soap*
el documental	*documentary*
las noticias	*news*
el magazine	*magazine programme*
el reportaje deportivo	*sports report*
el pronóstico del tiempo	*weather forecast*
los anuncios	*adverts*
el vídeo	*VCR*
la cinta de vídeo	*video tape*
el CD	*CD player*
el CD, el compacto	*CD, compact disc*
el estéreo	*stereo*
el walkman	*personal stereo*
la pletina	*cassette deck*
el magnetofón	*cassette recorder*
la radio	*radio*
el grupo	*group/band*
el jazz	*jazz*
la música clásica	*classical music*
la música pop	*pop music*
el rap	*rap*
el rock	*rock*
el concierto	*concert*
el cine	*cinema*
el teatro	*theatre*
la obra de teatro	*play*
la ópera	*opera*
el/la cantante	*singer*
el cómico/la cómica	*comedian*
el actor/la actriz	*actor/actress*
bueno/buena	*good*
genial	*great*
fabuloso/fabulosa	*fantastic*
malo/mala	*bad*
terrible/atroz	*awful, terrible*
espantoso/espantosa	*horrific, appalling*

aburrido/aburrida	boring
divertido/divertida	funny
divertidísimo/ divertidísima	hilarious
famoso/famosa	famous, well-known
favorito/favorita	favourite
interesante	interesting
inolvidable	unforgettable
moderno/moderna	modern
vanguardista	avant-garde
preferir	to prefer
apreciar	to appreciate
odiar	to hate, detest
recomendar	to recommend
escuchar	to listen (to)
oír	to hear
mirar	to watch, look at
ser un muermo*	to be really boring
de moda*	in, fashionable
merecer la pena	to be worth it
perderse algo	to miss (a film or a show)

Language in action

Lo mejor de esta semana...

Lunes 13: Si el teatro siempre te ha parecido un muermo, cambiarás de idea cuando veas esta apasionante adaptación al cine de Hamlet. A las 21.30 en el Canal +.

Martes 14: 'De risa' Los mejores cómicos del país se han juntado para crear el programa más divertido del año. ¡Verdaderamente genial! En el canal uno a las 20.30.

Miércoles 15: *Gricot* es un grupo de danza moderna francés cuyas coreografías son siempre innovadoras y vanguardistas. En el programa cultural 'Las Artes' en el canal dos, a las 10.00 de la noche.

Jueves 16: 'Tardes de verano' es un magazine de variedades que se empieza a emitir este jueves. Con entrevistas a famosos y actuaciones de grupos de pop. Un programa entretenido y variado.

Viernes 17: En el canal cinco, documental sobre la conquista del Polo Sur. O si prefieres el cine, cambia al canal cuatro para ver la inolvidable Casablanca.

Sábado 18: El programa informativo 'La actualidad' está dedicado esta semana a un tema muy de actualidad: los últimos avances en ingeniería genética. Realmente interesante.

Domingo 19: Ya te has comprado el CD. Ahora no te pierdas el concierto de rock de *Los Místicos*, el grupo nacional más de moda.

la taquilla	*booking offfice*
la entrada	*ticket*
el/la artista	*performer*
la estrella de cine	*film star*
el actor/la actriz	*actor/actress*
el personaje	*character*
el héroe/la heroína	*hero/heroine*
el villano/la villana	*villain*
el malo/la mala*	*baddie*
el bueno/la buena)*	*goody*
el bailarín/la bailarina	*dancer*
el payaso/la payasa	*clown*
el espectador/ la espectadora	*spectator*
el público	*public*
el teatro	*theatre*
el cine	*cinema*
el ballet	*ballet*
la ópera	*opera*
el circo	*circus*
la película	*movie, film*
la obra de teatro	*play*
el concierto	*concert*
el bis	*encore*
la orquesta	*orchestra*
la sala de conciertos	*concert hall*
la escena	*stage/scene*
el telón	*curtain*
el patio de butacas	*stalls*
el primer piso	*circle*
los bastidores	*wings*
la entrada de artistas	*stage door*
el guardarropa	*cloakroom*
el director	*director/producer*
el argumento	*plot*
la producción	*production (in cinema)*
la puesta en escena	*production (in theatre)*
los subtítulos	*subtitles*
el espectáculo	*show*
la representación	*performance*
la sesión	*show, showing*
la discoteca	*disco*
la pista	*dance floor*

duro/dura	*hard-hitting*
difícil	*difficult*
terrorífico/terrorífica	*terrifying*
genial	*great, super*
divertido/divertida	*amusing*
entretenido/entretenida	*entertaining*
bien hecho/hecha	*well done, well made*
doblado/doblada	*dubbed*
subtitulado/subtitulada	*subtitled*
reservar asientos	*to book seats*
actuar	*to act*
interpretar un papel	*to play a role*
una película de dibujos animados	*cartoon, animated movie*
una película de aventuras	*adventure movie*
una película de terror	*horror movie*
una película de cine negro	*film noir*
en versión original/VO	*with original soundtrack (not dubbed)*
en escena	*on the stage*
¿dónde nos vemos?	*where shall we meet?*
quedamos enfrente del cine	*we'll meet opposite the cinema*
yo te paso a recoger	*I'll call round for you*
me gustó mucho	*I really liked it*
quedar decepcionado/ decepcionada	*to be disappointed*
tener mucho éxito	*to be successful*
tener poco éxito	*to be unsuccessful*
un éxito de taquilla	*a box office hit*

Language in action

Kemal es la última película de Ishan Kocyigit, un joven director turco que ya tuvo mucho éxito en Cannes con su anterior película. *Kemal* es una película dura y al espectador puede resultarle difícil ver algunas de sus escenas, pero también es de una increíble belleza. No es una película de buenos y malos, ni una gran producción del tipo de las películas americanas, pero el argumento es inteligente y realista y los actores actúan de forma genial. El hecho de que sea una película en versión original con subtítulos, puede que explique por qué no se ha convertido ya en un éxito de taquilla.

la lectura	*reading*
el escritor/la escritora	*writer*
el autor/la autora	*author*
el periodista/la periodista	*journalist*
el reportero/la reportera	*reporter*
el redactor/la redactora	*editor*
la prensa	*the press*
la prensa sensacionalista	*tabloid press*
la prensa de calidad	*quality press*
el periódico	*newspaper*
el dominical	*Sunday newspaper*
el suplemento	*supplement*
la revista (ilustrada)	*(glossy) magazine*
la revista de moda	*fashion magazine*
la revista de información	*news magazine*
la revista femenina	*women's magazine*
la revista masculina	*men's magazine*
la suscripción	*subscription*
los titulares	*headlines*
el artículo	*article*
la sección	*section*
la columna	*column*
el editorial	*editorial*
los negocios	*business*
la página de deportes	*sports page*
los anuncios por palabras	*small ads*
la crítica	*review*
el crucigrama	*crossword*
la tira cómica	*strip cartoon*
la foto(grafía)	*photo(graph)*
el escándalo	*scandal*
el libro	*book*
la autobiografía	*autobiography*
la biografía	*biography*
la novela	*novel*
la novela policiaca	*detective novel*
la novela romántica	*romantic novel*
la novela de misterio	*mystery novel*
la ciencia-ficción	*science-fiction, sci-fi*
la ficción/no-ficción	*fiction/non-fiction*
la historia	*story/history*
el título	*title*
la cubierta	*cover*

emotivo/emotiva	*moving*
absurdo/absurda	*absurd/ridiculous*
fascinante	*fascinating*
de ficción	*fictional*
gracioso/graciosa	*funny*
diario/diaria	*daily*
semanal	*weekly*
mensual	*monthly*
nuevo/nueva	*new*
reciente	*recent*
serio/seria	*serious*
sensacional	*sensational*
sensacionalista	*sensationalist*
verdadero/verdadera	*true*
real	*real*
completo/completa	*detailed/full*
describir	*to describe*
leer	*to read*
relatar	*to relate, tell*
suscribirse	*to subscribe*
aprender	*to learn*
aparecer en primera plana	*to hit the headlines*
trata de...	*it's about...*
mantenerse al día	*to keep up to date*

Language in action

- ¿Cuál es su afición favorita?
- Me encanta la lectura. Leo mucha ficción, pero también novelas históricas y biografías.
- ¿Y cómo sigue la actualidad?
- Me he suscrito a varias revistas informativas semanales y mensuales. Me gusta mantenerme al día de lo que pasa en política, economía, ciencias... Es estimulante aprender cosas nuevas. También compro el periódico todos los días, ¡aunque no siempre tengo tiempo para leerlo! Me gusta especialmente leer el editorial y el periódico dominical, porque ese día la información es muy completa.
- ¿Qué piensa de la prensa sensacionalista?
- ¡No la soporto! Todos esos cotilleos e historias absurdas sobre la gente famosa. Yo sólo leo prensa de calidad, con historias reales.
- ¿Qué está leyendo en este momento?
- Estoy leyendo una novela que se sitúa en la edad media con un argumento fascinante. Es una mezcla de novela histórica y policiaca. Trata de un monje que tiene que resolver varios asesinatos.

la música	music
la música clásica	classical music
la ópera	opera
la música pop	pop music
el rock	rock
el jazz	jazz
la orquesta	orchestra
el coro	choir
el grupo	group, band
el músico/la música	musician
el director/la directora de orquesta	conductor
el compositor/la compositora	composer/songwriter
la canción	song
la melodía	tune
el acompañamiento	accompaniment
el éxito	hit
la grabación	recording
la letra	words (of a song)
el libreto	libretto
la partitura	score
el aria	aria
el/la soprano	treble/soprano
el tenor	tenor
el alto	alto
el/la barítono	baritone
la contralto	contralto
el bajo	bass/bass guitar
el instrumento	instrument
la flauta	flute
la flauta dulce	recorder
la guitarra	guitar
el contrabajo	double bass
el violín	violin
el violonchelo	cello
la viola	viola
la trompeta	trumpet
el trombón	trombone
el saxofón	saxophone
el oboe	oboe
el clarinete	clarinet
el fagot	bassoon

el piano	piano
el teclado (electrónico)	(electronic) keyboard
el órgano	organ
la batería	drumkit, drums
el tambor	drum
el amplificador	amplifier
el arpa (F)	harp
la cuerda	string
el arco	bow
la tecla	key (on keyboard)

estudiar	to study
aprender	to learn
tocar	to play
interpretar	to play/sing
practicar	to practise
dirigir	to conduct
componer	to compose

los instrumentos de cuerda/de viento	string/wind instruments
tocar el piano/la guitarra	to play the piano/ the guitar
interpretar una pieza de música	to play a piece of music
interpretar una canción	to sing a song

Language in action

La historia de un grupo musical

Geoff Matis, el fundador del *Nmesis*, estudió música clásica desde la edad de seis años y aprendió a tocar el violín y el piano. A pesar de su formación clásica, siempre estuvo interesado en la música de otros países y culturas. A los veinte años viajó por la India y el continente Sudamericano. A su vuelta a Europa decidió formar un grupo y componer música que recogiese todas esas influencias. Así nació *Nmemis*. El primer CD que el grupo grabó pasó casi desapercibido, pero, cuando su música se utilizó en la película *Rutas*, se convirtió en un gran éxito. El grupo mezcla instrumentos de música clásica tradicionales, (instrumentos de cuerda o de viento como el violín o el oboe) con instrumentos étnicos (flautas de pan o tablas). El propio Geoff compone normalmente las melodías y las letras las escribe el bajista, Tim Pearce. *Nmemis* ofrece una música ecléctica y llena de sugerencias que esperamos le guste.

el pasatiempo	*pastime, hobby*
la afición	*interest, hobby*
el bricolaje	*DIY*
la carpintería	*carpentry*
la jardinería	*gardening*
la cerámica	*pottery*
la costura	*sewing*
el punto	*knitting*
la cocina	*cooking*
el dibujo	*drawing*
la pintura	*painting*
la música	*music*
la lectura	*reading*
la fotografía	*photography*
la cámara de fotos	*camera*
la colección	*collection*
el juego de mesa	*board game*
las cartas	*cards*
el ajedrez	*chess*
las damas	*draughts*
la maqueta	*model*
el crucigrama	*crossword*
el videojuego	*video game*
el mando, el joystick	*joystick*
el joy-pad	*joy-pad*
el botón para disparar	*fire button*
el ordenador	*computer*
el monitor	*monitor*
el ratón	*mouse*
el teclado	*keyboard*
el disco duro	*hard disk*
el disquete	*diskette*
el DVD	*DVD*
el CD ROM	*CD ROM*
la pantalla	*screen*
la impresora	*printer*
el tratamiento de textos	*word processing*
la base de datos	*database*
el juego de ordenador	*computer game*
el backgammon	*backgammon*
divertido/divertida	*enjoyable*
aburrido/aburrida	*boring*

interesante	*interesting*
obsesionado/ obsesionada	*obsessed*
creativo/creativa	*creative*
coleccionar	*to collect*
coser	*to sew*
cocinar	*to cook*
escuchar	*to listen (to)*
tejer	*to knit*
pintar	*to paint*
bailar	*to dance*
jugar (con)	*to play (with)*
divertirse	*to enjoy oneself*
odiar	*to hate*
me gusta...	*I like...*
me gusta jugar a las cartas	*I like playing cards*
me encanta...	*I love...*
me encanta escuchar música	*I love listening to music*
me aburro	*I'm bored*
me aburre leer	*I find reading boring*
odio pintar	*I hate painting*
echar una partida de cartas/damas	*to have a game of cards/ draughts*
tocar un instrumento	*to play an instrument*
ver la tele	*to watch TV*
jugar a los marcianitos	*to play space invaders*

Language in action

- Mamá, Julia no me deja jugar con el ordenador.
- ¡Estáis obsesionados con el ordenador! ¿Es que no sabéis pasarlo bien sin jugar a los marcianitos? ¿Por qué no aprendes a pintar o a hacer fotografías? ¿O por qué no lees un libro?
- Me aburre leer, odio pintar y no me gusta la fotografía.
- Puedes ir al club a escuchar música con tus amigos y bailar.
- El club es superaburrido. Está lleno de viejos jugando a las cartas.
- Dile a tu hermano que eche una partida de ajedrez contigo.
- Dice que no quiere, está viendo la tele.
- Cuando yo era más joven sí que sabíamos divertirnos sin la tele ni el ordenador. Teníamos entretenimientos creativos e interesantes. Nuestra generación sabe divertirse mejor. A tu padre, por ejemplo, le encanta hacer deporte. ¿Por qué no juegas al tenis con papá? Seguro que quiere.
- Lo dudo. Está viendo la tele también.

el restaurante	restaurant
el restaurante de comida rápida	fast-food restaurant
el bar	bar
la terraza	terrace
los aseos	toilet(s)
el agua mineral (F)	mineral water
la cerveza de barril/en botella	draught/bottled beer
el vino blanco/tinto/rosado	white/red/rosé wine
la botella de vino	bottle of wine
la jarra de agua	jug of water
el aperitivo	aperitif
las tapas	tapas
la ración	portion (of tapas)
el bocadillo	baguette sandwich
el plato del día	today's special
el plato principal	main course
el primer plato	first course
el segundo plato	second/main course
las especialidades regionales	local specialities
la cocina casera	home cooking
el menú del día	set menu
los entrantes	starters
la ensalada de tomates	tomato salad
la sopa	soup
las verduras	vegetables
el arroz	rice
la(s) carne(s)	meat dishes
los pescados	fish dishes
la chuleta	chop
el filete	steak
el queso	cheese
el postre	dessert
la fruta	fruit
el pastel	cake
el helado	ice cream
la salsa	sauce
la mostaza	mustard
el aceite	oil
el vinagre	vinegar
el pan	bread
el vaso	glass

la servilleta	*napkin*
el sabor	*flavour*
la cuenta	*bill, check*
la propina	*tip*
el camarero/la camarera	*waiter/waitress*

poco hecho/hecha	*very rare*
muy hecho/hecha	*well-done*
a punto	*medium*
asado/asada	*roasted*
para llevar	*to take away*

pedir	*to order*
querer	*to want*
probar	*to try/taste*
pagar	*to pay*
reservar	*to book*
servir	*to serve*

servicio incluido	*service included*
¿les han tomado la nota?	*have you already ordered?*
¿les tomo la nota?	*shall I take your order?*
¿qué vas a tomar?	*what are you having?*
me apetece...	*I fancy...*
¿les apetece...?	*do you feel like having...?*
voy a tomar calamares	*I'm going to have the squid*
le recomiendo...	*I recommend...*
¡camarero!/¡camarera!	*waiter!/waitress!*

Language in action

Buenas noches, señores. ¿Les han tomado ya la nota?
No, aún no. ¿Qué vas a tomar, Agustín?
Quiero una sopa de cocido de primero y de segundo unas
chuletas de cordero.
Muy bien. ¿Y la señora qué desea?
Yo voy a tomar una merluza a la plancha y de primero...¿qué
entrantes tiene?
Tenemos ensaladas, entremeses... o el plato del día: un
marmitako riquísimo.
¿Marmitako? No lo he probado nunca.
Es una especialidad regional. Se lo recomiendo.
Vale, marmitako entonces.
¿Les apetece una ración de algo mientras esperan?
Sí, ponga una ración de gambas.
¿Y de beber?
Traiga una botella de vino tinto con la comida y de aperitivo dos
cervezas de barril.

el edificio	*building*
el ayuntamiento	*town hall*
la oficina de turismo	*tourist information office*
la estación (de tren)	*(railway) station*
la estación de autobuses	*bus/coach station*
la estación de metro	*underground station, subway station*
la boca de metro	*underground entrance*
el hospital	*hospital*
el ambulatorio	*health centre*
la oficina de correos	*post office*
el banco	*bank*
la biblioteca	*library*
el colegio	*school*
el instituto	*secondary school, high school*
la universidad	*university*
el castillo	*castle*
la torre	*tower*
la iglesia	*church*
la catedral	*cathedral*
el monasterio	*monastery*
la mezquita	*mosque*
la sinagoga	*synagogue*
el hotel	*hotel*
la pensión	*guesthouse*
el albergue juvenil	*youth hostel*
el bloque de casas	*block of flats*
la oficina	*office*
la fábrica	*factory*
el centro comercial	*shopping centre, shopping mall*
la tienda	*shop*
el mercado	*market*
el museo	*museum*
el teatro	*theatre*
el teatro de la ópera	*opera house*
el cine	*cinema*
la piscina	*swimming pool*
el estadio deportivo	*sports stadium*
la plaza de toros	*bullring*
la plaza mayor	*main square*
el parque	*park*

el puente	bridge
la judería	old Jewish quarter
viejo/vieja	old
antiguo/antigua	old, ancient
moderno/moderna	modern
público/pública	public
bello/bella	beautiful
maravilloso/maravillosa	wonderful
feo/fea	ugly
impresionante	impressive
elegante	elegant
histórico/histórica	historic
iluminado/iluminada	floodlit
enorme, immenso/ immensa	huge
pintoresco/pintoresca	picturesque
encontrar	to find, come across
encontrarse	to be
ver	to see
visitar	to visit
llegar	to arrive
destacar	to stand out
estar situado/situada	to be situated
hacer turismo	to see the sights
monumento histórico	historic monument
abierto al público	open to the public

Language in action

Esta pequeña y pintoresca ciudad, llena de bellos monumentos históricos, fue en época medieval un importante centro comercial. Lo más fácil es llegar en tren. De la estación, la Avenida de la Rosaleda lleva a la plaza mayor, donde está situada la mezquita, la principal atracción de la ciudad.
Al lado de la mezquita se encuentra la catedral, abierta al público sólo por las mañanas. Al norte de la plaza mayor está la judería, una zona de calles estrechas, poco iluminadas y llenas de tiendas de artesanía tradicional, que aún conserva su carácter antiguo. De aquí merece la pena visitar la sinagoga. Siguiendo por la calle Mayor se llega al río, y de ahí, siguiendo el paseo del río, se llega al castillo, un enorme edificio de época medieval con la impresionante Torre de los Condenados. Entre los museos, destacan el Museo Arqueológico y el Museo de Manuscritos. La ciudad tiene muchos restaurantes de calidad no muy caros. En las calles cercanas al ayuntamiento, en el casco antiguo de la ciudad, hay numerosos hoteles y pensiones económicas.

la ciudad	*town, city*
el pueblo	*village*
el barrio	*neighbourhood/district*
el barrio periférico	*suburb*
el centro de la ciudad	*town centre*
el lugar	*place*
la calle	*street*
el bulevar/la avenida	*wide street/avenue*
la carretera de circunvalación	*bypass, ring road, beltway*
la rotonda	*roundabout, traffic circle*
el cruce	*crossroads*
el puente	*bridge*
el camino	*lane/path/way*
la plaza	*square*
la calle/la zona peatonal	*pedestrian street/precinct*
la fuente	*fountain*
el banco	*bench*
la papelera	*litter bin*
la farola	*street lamp*
el buzón de correos	*postbox*
la cabina telefónica	*telephone box/booth*
la parada del autobús	*bus stop*
la acera	*pavement, sidewalk*
el bordillo (de la acera)	*kerb*
la esquina	*corner*
el paso de peatones	*pedestrian crossing*
el paso de cebra	*zebra crossing*
el paso subterráneo	*pedestrian subway/ underpass*
la circulación	*traffic*
el semáforo	*traffic lights/signals*
el embotellamiento	*traffic jam*
el parking (subterráneo)	*(underground) car park*
el parque	*park*
el muro	*wall*
la valla	*fence*
la puerta	*door*
la verja	*gate*
la entrada	*entrance*
perderse	*to get lost*
preguntar	*to ask*
buscar	*to look for*

encontrar	*to find*
ir	*to go*
conducir	*to drive*
cruzar	*to cross*
seguir	*to continue*
pasar	*to go past*
girar	*to turn (off)*
tomar	*to take*
lejos (de)	*far (from)*
cerca (de)	*close (to)*
entre	*between*
debajo de	*under*
encima de	*over*
delante de	*in front of*
detrás de	*behind*
enfrente de	*opposite*
allí/ahí	*over there*
ir a pie, ir andando	*to walk, go on foot*
ir a dar un paseo	*to go for a walk*
estar perdido/perdida	*to be lost*
no está lejos	*it's not far*
está muy cerca de aquí	*it's really close to here*
está al lado de	*it's next to*
seguir hasta	*to go as far as*
está a la derecha/a la izquierda	*on the right/left*
girar a la derecha/a la izquierda	*to turn right/left*
la segunda bocacalle	*the second turning*

Language in action

- ¿Podría recomendarnos un buen hotel?
- El hotel 'Mirador' está muy cerca del centro.
- ¿Cómo se llega al hotel en coche desde aquí?
- Siga esta calle todo recto, tome la segunda bocacalle a la izquierda y, al llegar al semáforo, gire a la derecha. Llegará a una plaza con una fuente, el hotel está entre una cafetería y la oficina de correos.
- ¿Y cómo podemos ir a la catedral desde el hotel?
- Cuando salgan del hotel tuerzan a la derecha y sigan la calle todo recto, pasen el parque y luego tomen la primera calle a la izquierda. Allí está la catedral, justo al final de la calle.

el banco	bank
la caja de ahorros	savings bank
la oficina	office
la sucursal	branch
la oficina de correos	post office
el empleado/la empleada	counter assistant
el cajero/la cajera	cashier
la ventanilla	counter (in bank, post office)
el mostrador	desk
la cuenta bancaria	bank account
la cuenta de ahorros	savings account
el número de cuenta	account number
el saldo	balance
el depósito	deposit
el dinero	money
el billete (de banco)	(bank)note, bill (US)
la moneda	coin, piece, bit (US)
el cambio	change
la libra (esterlina)	pound (sterling)
el talonario de cheques/la chequera	chequebook
el cheque/el talón	cheque
el cheque de viaje	traveller's cheque
la tarjeta bancaria	bank card
la tarjeta de crédito	credit card
el cajero automático	cashpoint
el préstamo	loan
la firma	signature
el correo	mail, post
el buzón (de correos)	postbox
el cartero/la cartera	postman/-woman, mailman/-woman
la recogida del correo	postal collection
el sobre (acolchado)	(padded) envelope
la tarjeta (postal)	postcard
el/la remitente	sender
las señas, la dirección	address
el franqueo postal	postage
el sello	stamp
la carta	letter
el giro postal	postal order
el paquete	parcel, package

la tarjeta telefónica	*phonecard*
el impreso de solicitud	*application form*
el formulario	*form*
el folleto	*leaflet*
la fotocopia	*photocopy*
certificado/certificada	*registered*
franqueado/franqueada	*stamped*
urgente	*express*
cancelar	*to cancel*
escribir	*to write*
rellenar	*to fill in*
firmar	*to sign*
pedir prestado/prestada	*to borrow*
enviar, mandar	*to send*
comunicar	*to inform*
pesar	*to weigh*
reembolsar	*to repay*
recibir	*to receive, get*
horario de apertura	*opening hours*
sacar dinero	*to withdraw money*
datos bancarios	*bank account details*
extender un cheque/un talón	*to make out a cheque*
cobrar un cheque/un talón	*to cash a cheque*
pedir consejo	*to ask for advice*
poner sello(s) a	*to stamp* (letter)
enviar por correo/ mandar por correo	*to post*
correo certificado	*registered post*
con acuse de recibo	*by recorded delivery*
al extranjero	*abroad*
repartir el correo	*to deliver the mail*

Language in action

Si desea abrir una cuenta en nuestro banco, por favor rellene el impreso de solicitud que le enviamos con este folleto. Escriba sus datos sin olvidarse de poner su NIF. Luego envíe la solicitud por correo a las señas indicadas, junto con un cheque firmado por usted, para realizar el depósito inicial, y una prueba de identificación (fotocopia del carnet de identidad). Al recibirlo, nosotros le comunicaremos su número de cuenta y le mandaremos una tarjeta con la que podrá retirar dinero en nuestros más de 3.000 cajeros automáticos. Asimismo, cada mes le enviaremos un saldo de su cuenta.

el coche	*car*
el taxi	*taxi*
el camión (articulado)	*(articulated) truck*
la furgoneta	*van, delivery truck*
la caravana, la roulotte	*caravan, trailer (US)*
la motocicleta, la moto*	*motorbike*
el ciclomotor	*moped*
la bicicleta, la bici*	*bike*
la bicicleta de montaña	*mountain bike*
el transporte público	*public transport*
el autobús	*bus*
el autocar/el coche de línea	*coach*
el tranvía	*tram*
el tren	*train*
el tren de alta velocidad	*high-speed train*
el AVE	*high-speed train*
el TALGO	*express train*
el eurotúnel	*the channel tunnel*
el vagón	*coach (of train)*
el metro	*underground, subway*
el andén	*platform*
la estación de ferrocarril/de metro	*railway/underground/ subway station*
el puente aéreo	*shuttle*
la barca	*boat*
el ferry	*ferry*
el barco	*ship*
el avión	*aeroplane*
la autopista	*motorway, freeway*
la autovía	*dual carriageway, divided highway*
la carretera nacional	*A road*
la vía de acceso	*slip road*
el desvío	*road, turning*
el carril	*lane (on road)*
el viaje	*journey*
la distancia	*distance*
el destino	*destination*
el mapa de carreteras	*road map*
la velocidad	*speed/gear*
la marcha	*gear*
el conductor/la conductora	*driver*

el pasajero/la pasajera	passenger
el/la autoestopista	hitchhiker
el código de la circulación	highway code
la gasolinera	petrol station, gas station
la estación de servicio	(motorway) services
el área de estacionamiento	parking area

viajar	to travel
salir	to leave, set off
llegar	to arrive
llevar (a)	to take (to)
dirigirse a	to make for (a place)
conducir	to drive
parar	to stop
aparcar	to park
montarse	to get on
bajarse	to get off

viajar en tren/en autobús	by train/bus
ir a pie, ir andando	to walk, go on foot
ir en avión/en coche/en bici	to go by plane/car/bike
coger el ferry	to take the ferry
viajar a 100 kilómetros por hora	to travel at 100 kilometres an hour
hacer autostop	to hitchhike
la hora punta	the rush hour

Language in action

Cómo llegar al Monasterio del Escorial desde Madrid

En tren: Para ir al Monasterio de San Lorenzo del Escorial puede coger un tren dirección a Ávila desde la estación de ferrocarril de Chamartín (en la estación de metro de Chamartín) y bajarse en San Lorenzo del Escorial. También puede coger un tren directo desde Atocha (en la estación de metro de Atocha). Desde la estación, puede coger un autobús que le lleva hasta el pueblo, o si lo prefiere, puede ir andando, aunque el camino es largo y en cuesta.

En coche: Salga de Madrid por la autovía A-6 de la Coruña (puede llegar a ella por la carretera de circunvalación M-40 desde cualquier punto de Madrid). Pasado 'El Plantío' puede tomar el desvío para la carretera comarcal 505 hacia Galapagar y San Lorenzo del Escorial, o bien puede seguir por la autovía A-6 hasta Guadarrama y allí tomar la comarcal 600 hacia San Lorenzo del Escorial.

En coche de línea: Hay coches de línea que salen de la Estación Autobuses Moncloa (Calle Princesa, metro Moncloa) y que llevan directamente hasta el Monasterio.

la rueda	wheel
la rueda delantera/trasera	front/rear wheel
la rueda de repuesto	spare wheel
el neumático	tyre
la puerta	door
la ventanilla	window
el parabrisas	windscreen, windshield
el limpiaparabrisas	windscreen wiper
el parachoques	bumper, fender
el faro	headlight
el piloto	sidelight
el indicador	indicator/gauge
las luces de freno	brake lights
el capó	bonnet, hood
el maletero	boot, trunk
el motor	engine
la batería	battery
el tubo de escape	exhaust (pipe)
el radiador	radiator
el depósito de la gasolina	fuel tank, gas tank
la gasolina (sin plomo)	(unleaded) petrol/gas
el diesel/el gasóleo	diesel
el aceite	oil
el anticongelante	antifreeze
el líquido de frenos	brake fluid
el asiento delantero	front seat
el asiento trasero	back seat
el cinturón de seguridad	seatbelt
el volante	steering-wheel
la dirección	steering
el freno	brake
el freno de mano	handbrake
el acelerador	accelerator
la marcha	gear
la palanca de cambio	gearstick
el embrague	clutch
la radio del coche	car radio
el salpicadero	dashboard
el cuadrante	dial
la señal luminosa	warning light
el retrovisor	rearview mirror
el impuesto de circulación	road tax disc
el permiso de conducir	driving/driver's licence

la documentación del coche	*car registration papers*
la revisión	*service*
la ITV	*MOT*
la caja de las herramientas	*toolbox*
el gato	*jack*
la llave inglesa	*spanner*
el manual	*manual*
la avería	*breakdown*
el garaje	*garage*
el mecánico	*mechanic*
la grúa	*breakdown truck*
la pieza de recambio	*spare part*
nuevo/nueva	*new*
estropeado/estropeada	*broken-down*
gastado/gastada	*worn*
rápido/rápida	*fast*
rápido	*fast, quickly*
veloz	*fast*
lento/lenta	*slow*
lento	*slowly*
deprisa	*quickly*
conducir	*to drive*
arrancar	*to start*
frenar	*to brake*
arreglar/reparar	*to repair*
revisar	*to check*
hacer un ruido	*to make a noise*
tener una avería	*to break down*
he pinchado	*I've got a flat tyre*
cambiar una rueda	*to change a wheel*
el coche no arranca	*the car won't start*
la batería está descargada	*the battery's flat*
tener un accidente de coche	*to have a car accident*
de segunda mano	*second-hand*
estar en muy buen estado	*to be in very good condition*
la revisión de los 5.000 kilómetros	*the 5,000 kilometre service*
pasar la ITV	*to pass the MOT*

el campo	*country(side)/field*
el paisaje	*landscape*
el pueblo	*village*
la aldea	*hamlet*
la montaña	*mountain*
la colina	*hill*
el río	*river*
la ribera	*riverbank*
el arroyo	*stream*
el lago	*lake*
el estanque	*pond*
el camino	*path, track*
el sendero	*footpath*
el bosque	*wood/forest*
el huerto de verduras	*vegetable garden*
el huerto de naranjos	*orange grove*
el árbol (frutal)	*(fruit) tree*
la tierra	*earth/soil/land*
el terreno	*plot of land*
el prado	*meadow*
el seto	*hedge*
la verja	*gate*
la finca	*estate*
la casa de labranza	*farmhouse*
el corral	*farmyard*
el establo	*stable*
el granero	*barn*
la agricultura	*farming/agriculture*
el agricultor/la agricultora	*farmer*
el campesino/la campesina	*peasant*
el jornalero/la jornalera	*day labourer*
la viña	*vineyard*
el vinicultor	*winegrower*
la hierba	*grass*
la flor silvestre	*wild flower*
el heno	*hay*
el trigo	*wheat*
el maíz	*maize, corn*
la cebada	*barley*
el centeno	*rye*
la paja	*straw*
el cultivo	*crop*
la cosecha	*harvest/crop*

los animales de granja	*farm animals*
la ganadería	*cattle breeding*
el ganado	*cattle*
la vaca	*cow*
el buey	*bullock/ox*
el toro	*bull*
el cordero	*lamb*
la oveja	*sheep*
la cabra	*goat*
el cerdo/la cerda	*pig*
la gallina	*hen*
el gallo	*cock*
el pollo	*chicken*
el pato/la pata	*duck*
el caballo	*horse*
el burro/la burra	*donkey*
los productos agrícolas	*farm produce*
las labores del campo	*farm work*
el tractor	*tractor*
la cosechadora	*combine harvester*
el remolque	*trailer*
la herramienta	*tool*
recoger	*to pick, gather*
cosechar	*to harvest*
vendimiar	*to harvest (grapes)*
dar de comer a	*to feed*
ordeñar	*to milk*

Language in action

¿Qué tal las vacaciones, Carlos?
He pasado las vacaciones trabajando en una casa de labranza en
Navarra. Estaba en una aldea pequeña con un arroyo. La granja
estaba en una colina y desde allí se veía un paisaje magnífico.
¿Y dónde estabas viviendo?
En la misma casa. El alojamiento y la comida eran gratis, pero
teníamos que ayudar con las labores del campo.
¿Qué tipo de cosas tenías que hacer?
Dar de comer a los animales o recoger la fruta. La familia tenía un
huerto de verduras y árboles frutales. Los alimentos eran muy
buenos. Todos productos naturales de la tierra.
¿Había también animales?
Solo algunos animales de granja: gallinas, un par de cerdos y una
vaca. No eran ganaderos. Un día intenté ordeñar a la vaca ¡pero era
muy difícil!
¿Había mucha gente como tú allí?
Había mucha gente vendimiando, aunque muchos eran jornaleros.

el león/la leona	lion
el tigre/la tigresa	tiger
el elefante/la elefanta	elephant
el mono/la mona	monkey
el/la gorila	gorilla
la jirafa	giraffe
el hipopótamo	hippopotamus
el rinoceronte	rhinoceros
la cebra	zebra
el oso/la osa	bear
el lobo/la loba	wolf
el zorro/la zorra	fox
el búho	owl
la liebre	hare
el conejo/la coneja	rabbit
el ratón	mouse
la rata	rat
la ardilla	squirrel
el ciervo/la cierva	deer
el pez	fish
la ballena	whale
el tiburón	shark
el delfín	dolphin
la estrella de mar	starfish
el pulpo	octopus
el pájaro	bird
el buitre	vulture
el águila (f)	eagle
el cuervo	crow
el mirlo	blackbird
la alondra	lark
el petirrojo	robin
el gorrión	sparrow
la golondrina	swallow
la serpiente	snake
la rana	frog
el lagarto	lizard
el pico	beak
el hocico	snout
la cola	tail
el ala (F)	wing
la pata	leg
la pezuña	hoof

la garra	claw
la pluma	feather
el pelaje	fur
la huella	pawprint/hoofmark

ágil	agile
veloz	fast
lento/lenta	slow
agresivo/agresiva	aggressive
dócil	docile
tímido/tímida	shy
peludo/peluda	hairy/furry
herbívoro/herbívora	herbivorous
carnívoro/carnívora	carnivorous
diurno/diurna	diurnal
nocturno/nocturna	nocturnal

cazar	to hunt
pescar	to fish
vivir	to live
habitar	to inhabit
correr	to run
volar	to fly
oler	to smell
oír	to hear
esconderse	to hide
huir	to escape
seguir	to follow

animal salvaje	wild animal
estar al borde de la extinción	to be on the verge of extinction
ser una especie protegida	to be a protected species
seguir la pista de	to follow the track of

Language in action

En los montes españoles habitan aún muchos animales salvajes, como por ejemplo el ciervo, el lobo, el zorro o la cabra montesa, y también animales nocturnos como el búho. No es fácil verlos, ya que en general son animales tímidos que se esconden o huyen al oír u oler a los humanos. Pero a veces se pueden descubrir sus huellas en el barro. También pueden a veces verse ejemplares de águila o de buitre volando en el cielo. Hace unos años el águila real estaba en vías de extinción, por lo que ahora es una especie protegida y está prohibido cazarla. En algunos parques nacionales del norte de España quedan todavía ejemplares de oso, aunque este animal puede volverse agresivo, por lo que hay que tener cuidado al observarlo.

la flor	*flower*
el árbol (frutal)	*(fruit) tree*
el arbusto	*bush*
el capullo	*bud*
el pétalo	*petal*
el tallo	*stem*
la hoja	*leaf*
el follaje	*foliage*
la raíz	*root*
el tronco	*trunk*
la rama	*branch*
la corteza	*bark*
la planta	*plant*
la semilla	*seed*
el esqueje	*cutting*
el polen	*pollen*
la rosa	*rose*
el rosal	*rosebush*
el clavel	*carnation*
el geranio	*geranium*
el crisantemo	*chrysanthemum*
el pensamiento	*pansy*
el narciso	*daffodil*
el tulipán	*tulip*
la azucena	*lily*
la margarita	*daisy, marguerite*
la primavera	*primrose*
la violeta	*violet*
el lirio	*iris*
la amapola	*poppy*
la orquídea	*orchid*
la azalea	*azalea*
la hortensia	*hydrangea*
la lila	*lilac*
el pino	*pine tree*
el roble	*oak tree*
el olmo	*elm tree*
el abedul	*birch tree*
el haya	*beech tree*
el fresno	*ash tree*
el abeto	*fir tree*
el sauce (llorón)	*(weeping) willow*
el manzano	*apple tree*

el peral	*pear tree*
el cerezo	*cherry tree*
el almendro	*almond tree*
el castaño	*chestnut tree*
el olivo	*olive tree*
la maceta	*flower pot*
fresco/fresca	*cool*
seco/seca	*dry*
frondoso/frondosa	*leafy*
soleado/soleada	*sunny*
protegido/protegida	*sheltered*
húmedo/húmeda	*damp, moist*
plantar	*to plant*
sembrar	*to sow*
regar	*to water*
cortar	*to cut*
podar	*to prune*
propagar	*to propagate*
oler (a)	*to smell (of)*
en flor	*in blossom*
coger flores/fruta	*to pick flowers/fruit*
dar sombra	*to give shade*
planta de hoja perenne/ de hoja caduca	*evergreen/deciduous plant*
planta de interior/de exterior	*houseplant/outdoor plant*
al sol	*in the sun*
a la sombra	*in the shade*

Language in action

Viburnum

Algunas especies de esta planta son de hoja caduca y otras de hoja perenne. Son plantas frondosas. Algunas producen flores grandes y otras dan frutos. Otras tienen hojas que toman de preciosas tonalidades en otoño. El viburnum prefiere estar a pleno sol, en suelo no muy húmedo pero que tampoco llegue a estar seco en verano. Durante los inviernos secos, debe regarse frecuentemente. Sin embargo, también tolera bien que se la plante en una maceta grande y en un rincón que tenga un poco de sombra. Debe podarse en invierno, para quitar las ramas secas y viejas. Es posible propagar esta planta cortando esquejes en verano.

el deporte	sport
el aerobic	aerobics
el jogging	jogging, running
el atletismo	athletics
la natación	swimming
el fútbol	football
el rugby	rugby
el hockey (sobre hielo)	(ice) hockey
el squash	squash
el béisbol	baseball
el críquet	cricket
el baloncesto	basketball
el balonmano	handball
el boxeo	boxing
el ciclismo	cycling
el golf	golf
el tenis	tennis
la vela	sailing
el windsurf	windsurfing
el salto de longitud/ de altura	long/high jump
la carrera	race
la carrera de fondo	long-distance race
la carrera de obstáculos	steeplechase
las artes marciales	martial arts
el judo	judo
el patinaje sobre hielo	ice-skating
el patinaje sobre ruedas	roller-skating
la equitación	horseriding
el centro deportivo	sports centre
la piscina	swimming pool
las vallas	hurdles
el campo (de fútbol)	football pitch
la cancha (de baloncesto)	basketball court
la cancha/la pista de tenis	tennis court
la pelota	ball
el balón	ball (football, basketball)
el bate	bat
la raqueta	racket
el palo de golf	golf club (implement)
la tabla de surf	surfboard
los patines de ruedas	roller skates
los patines de hielo	ice skates

los patines en línea	*Rollerblades*
las zapatillas de deporte	*trainers*
las botas de fútbol	*football boots*
la bicicleta (de montaña)	*(mountain) bike*
las pesas	*weights*
favorito/favorita	*favourite*
cansado/cansada	*tired*
agotado/agotada	*exhausted*
correr	*to run*
saltar	*to jump*
lanzar	*to throw*
chutar	*to shoot*
entrenar	*to train*
hacer deporte	*to do sports*
practicar un deporte	*to play a sport*
participar en una carrera	*to take part in a race*
jugar al fútbol/tenis	*to play football/tennis*
ser un inútil para los deportes	*to be useless at sports*
ser deportista	*to be keen on sport*
tener agujetas	*to be stiff, to ache*
tengo agujetas en las piernas	*my legs are stiff, my legs ache*

Language in action

- ¡Vaya ése ha sido un buen partido! ¿Qué tal? ¿Cómo te sientes? ¿Cansado?
- ¿Cansado? Estoy agotado. Nunca he corrido tanto. Y para nada, juego muy mal y nunca consigo darle a la pelota con la raqueta. ¿Y tú? ¿No estás cansada?
- No, en absoluto. Estoy perfectamente. Esto es muy bueno para la salud.
- ¿Bueno para la salud? No estoy tan seguro. Yo me siento fatal.
- No te preocupes. Ahora hacemos media hora de natación y verás como te sientes mejor.
- ¡¿Media hora de natación?! ¡Tú estás loca! Si hago todo eso mañana voy a tener agujetas por todas partes.
- Tonterías. El deporte es muy sano. Si hicieses ejercicio regularmente, te sentirías mucho mejor. Yo por ejemplo hago jogging, natación y una hora de gimnasia todos los días. Mañana juego al baloncesto con mis compañeros de trabajo. ¿Por qué no vienes? Nada mejor para el estrés que encestar unas canastas.
- ¿Sí? Pues yo tengo estrés sólo de pensarlo. Mejor no, gracias. Soy un inútil para el baloncesto, y además creo que he descubierto que no soy muy deportista.

38 Sports 2: spectator sport

el partido	*match*
el equipo	*team*
el árbitro/la árbitra	*referee*
el/la juez de silla	*umpire*
el entrenador/la entrenadora	*coach, trainer*
el capitán/la capitana	*captain*
el jugador/la jugadora	*player*
el futbolista/la futbolista	*footballer*
el portero/la portera	*goalkeeper*
el espectador/la espectadora	*spectator*
el aficionado/la aficionada	*supporter*
el/la hincha	*football fan*
la amonestación	*warning*
la falta	*foul*
el penalti	*penalty*
el estadio	*stadium*
la portería	*goal (the posts)*
la red	*net*
la pelota	*ball*
el gol	*goal (score)*
el punto	*point*
el resultado	*result*
el empate	*draw*
la victoria	*victory*
la copa	*cup*
la medalla	*medal*
el torneo	*tournament*
la competición	*competition*
la eliminatoria	*heat*
la final	*final*
el enfrentamiento	*confrontation*
el/la finalista	*finalist*
el campeón/la campeona	*champion*
el vencedor/la vencedora	*winner*
el/la rival	*opponent*
la defensa	*defence*
el delantero/la delantera	*forward*
la temporada	*season*
emocionante	*exciting*
duro/dura	*hard, tough*

agotador/agotadora	*exhausting*
popular	*popular*
vencedor/vencedora	*winning*
perdedor/perdedora	*losing*
jugar	*to play*
ganar	*to win*
derrotar (a)/vencer (a)	*to defeat*
eliminar	*to eliminate*
empatar (con)	*to draw (with)*
perder	*to lose*
atacar	*to attack*
correr	*to run*
participar	*to participate*
entrenar	*to train*
expulsar (a)	*to expel*
chutar	*to shoot*
encestar	*to score a basket*
marcar	*to score*
correr	*to run*
frente a	*against*
tomar parte	*to take part*
empatar a uno	*to draw one all*
llegar a la semifinal	*to reach the semi-final*
cometer una falta	*to foul*
pitar penalti	*to award a penalty*
ser hincha de un equipo	*to support a team*
batir un récord	*to break a record*
¿cómo va el marcador?	*what's the score?*

Language in action

El partido del próximo domingo va a ser realmente apasionante:
el enfrentamiento entre los dos grandes rivales: el Barça y el Real
Madrid. De los dos equipos el favorito es el Madrid, pero no hay
que olvidar la victoria del Barça frente al Bayer de Munich la
semana pasada, cuando el delantero centro marcó un gol de
penalti. Y el Barça cuenta con el mejor portero. Sin embargo casi
todo el mundo piensa que el Madrid tiene más posibilidades de
pasar a la semi-final. Tiene mejores delanteros y la defensa del
Barça, en estos momentos, no es tan buena y comete muchas
faltas. Además, el Madrid no pierde normalmente si juega en
casa. Pero, personalmente creo que el Barça no sólo ganará este
partido, sino que además se llevará la copa este año. Mi
pronóstico para este partido es dos a uno con el Barça vencedor,
o quizás empate a dos. Lo que es seguro es que gane quien gane
los hinchas no quedarán decepcionados.

el ejercicio	exercise
la gimnasia de mantenimiento	keep-fit
el aerobic	aerobics
el jogging, el footing	jogging
el calentamiento	warm-up
el gimnasio	gym
los artículos deportivos/ los aparatos	sports equipment
la colchoneta	the mat
las pesas	the weights
las abdominales	sit-ups
las flexiones (de brazos)	press-ups
las flexiones (de piernas)	squats
el físico	physique/figure
la figura	figure
el corazón	heart
el músculo	muscle
la dieta, el régimen	diet
la fruta	fruit
la verdura	vegetables
los dulces	sweet things
los hidratos de carbono	carbohydrates
las calorías	calories
las proteínas	proteins
la vitamina	vitamin
la(s) grasa(s)	fat(s)
el colesterol	cholesterol
el azúcar	sugar
la sacarina	saccharin
la adicción	addiction
el consumo de drogas	drug addiction
el drogadicto/la drogadicta	drug addict
el tobacco	tobacco
la nicotina	nicotine
el alquitrán	tar
la droga	drug
el alcohol	alcohol
el fumador/la fumadora	smoker
el alcohólico/la alcohólica	alcoholic
sano/sana	healthy
firme	firm
grueso/gruesa	stout/thick

gordo/gorda	*fat*
delgado/delgada	*thin*
fofo/fofa	*flabby*
anoréxico/anoréxica	*anorexic*
bulímico/bulímica	*bulimic*
cansado/cansada	*tired*
débil	*weak*
fuerte	*strong*
nutritivo/nutritiva	*nutritious*
enfermo/enferma	*sick, ill*
engordar	*to put on weight*
adelgazar	*to lose weight*
esforzarse	*to exert oneself*
fumar	*to smoke*
beber	*to drink*
drogarse	*to take drugs*
una vida sana	*a healthy lifestyle*
hacer deporte	*to do sports*
hacer gimnasia	*to do exercises*
ejercicios de elasticidad/ estiramiento	*suppleness/stretching exercises*
ejercicios de relajación	*relaxation exercises*
hacer flexiones	*to do press-ups/squatting exercises*
ir a pie/en bicicleta al trabajo	*to walk/cycle to work*
estar bien/mal de salud	*to be in good/bad health*
estar en forma	*to be fit*
no estar en forma	*to be unfit*
el régimen de adelgazamiento	*weight-loss diet*
hacer dieta	*to be on a diet*
ponerse a dieta	*to go on a diet*
el contenido en grasa	*the fat content*
los alimentos biológicos	*organic food*
los alimentos grasos	*fatty food*
dejar de fumar	*to stop smoking*

Language in action

Los pilotos deben mantenerse en buena forma y para ello la dieta es fundamental. En general no siguen un régimen muy estricto, pero cuidan su alimentación, y procuran evitar algunos alimentos. Los hidratos de carbono, las proteínas y el hierro forman parte de la dieta habitual. El alcohol y el tabaco están absolutamente prohibidos.

la gripe	*flu*
el catarro, el resfriado, el constipado	*cold*
la fiebre	*temperature*
la tos	*cough*
el dolor de cabeza	*headache*
el dolor de garganta	*sore throat*
el dolor de muelas	*toothache*
el dolor de estómago	*stomach ache*
la indigestión	*indigestion*
la diarrea	*diarrhoea*
la alergia	*allergy*
la enfermedad contagiosa	*contagious illness*
la hepatitis	*hepatitis*
el sida/SIDA	*Aids*
el sarampión	*measles*
la rubeola, la rubéola	*German measles*
la varicela	*chickenpox*
el accidente	*accident*
la fractura	*fracture*
la escayola	*plaster cast*
el corte	*cut*
la herida	*wound*
la torcedura	*sprain*
la quemadura	*burn*
la inflamación	*inflammation*
la operación	*operation*
el transplante (de corazón/ de riñón)	*(heart/kidney) transplant*
la anestesia	*anaesthesia*
los puntos	*stitches*
la transfusión de sangre	*blood transfusion*
la quimioterapia	*chemotherapy*
el cáncer (de pulmón/de mama)	*(lung/breast)cancer*
el infarto	*heart attack*
el derrame cerebral	*stroke*
la apendicitis	*appendicitis*
la hemorragia	*haemorrhage*
el hueso	*bone*
la sangre	*blood*
la piel	*skin*
el músculo	*muscle*

enfermo/enferma	*ill*
herido/herida	*injured*
roto/rota	*broken*
grave	*serious*
inconsciente	*unconscious*
muerto/muerta	*dead*
enfermar	*to fall ill*
caerse	*to fall*
resbalar	*to slip*
marearse	*to get nauseous*
vomitar	*to be sick*
operar	*to operate*
escayolar	*to put in plaster*
sangrar	*to bleed*
infectar	*to infect*
contagiar	*to pass on*
padecer de	*to suffer from*
¿cómo se encuentra?	*how do you feel?*
sentirse bien/mal	*to feel well/ill*
tener mala cara	*to look ill*
ponerse enfermo	*to fall ill*
correr peligro	*to be in danger*
tener dolor de cabeza	*to have a headache*
tener fiebre	*to have a temperature*
estar mareado/mareada	*to feel sick*
me duele el pecho	*I have a pain in my chest*
gravemente herido	*seriously injured*
torcerse el tobillo	*to twist one's ankle*
me he roto una pierna	*I've broken my leg*
tomar la temperatura a alguien	*to take somebody's temperature*
hacerse una radiografía	*to have an X-ray done*
el/la donante de sangre	*blood donor*

Language in action

El otro día llamé al médico porque tenía un poco de fiebre y me dolía la garganta. El pobre médico llegó con muy mala cara.
"¿Qué le ha pasado?", le dije.
"Nada, como venía corriendo me he resbalado y me he torcido el tobillo. Me he dado un golpe en la cabeza y me he hecho una herida en la mano. Me he levantado muy rápido y me ha mareado. Ahora me duele el tobillo, tengo dolor de cabeza del golpe y me duele la herida. Además creo que mi mujer me ha contagiado la gripe. No me siento bien. Y usted, ¿cómo se encuentra? Déjeme que le tome la tensión."
'No se preocupe por mí.'- le dije 'Está usted peor que yo.'

el hospital	hospital
la clínica	private hospital
la consulta	surgery
el centro de salud	health centre
el médico/la médica	doctor
el médico/la médica de cabecera	GP, family practitioner
el/la dentista	dentist
el cirujano/la cirujana	surgeon
el/la especialista	specialist
el enfermero/la enfermera	nurse
el enfermo/la enferma	patient
el tratamiento	treatment
la revisión	check-up
el síntoma	symptom
la camilla	stretcher
la sala de hospital	hospital ward
el quirófano	operating theatre
la sala de rayos X	X-ray unit
la sala de urgencias	accident and emergency unit
la sala de partos	delivery room
el parto	delivery
el empaste	filling
la inyección	injection, shot
el análisis	test
la cabeza	head
el cuello	neck
la garganta	throat
el pecho	chest
el vientre	abdomen
la espalda	back
el tobillo	ankle
la articulación	joint
el cerebro	brain
el corazón	heart
el pulmón	lung
el estómago	stomach
el hígado	liver
el apéndice	appendix
el riñón	kidney
débil	weak
delicado/delicada	delicate

mareado/mareada	queasy
inconsciente	unconscious
urgente	urgent
quejarse de	to complain about
examinar, reconocer	to examine
recetar	to prescribe
diagnosticar	to diagnose
curar	to cure
tratar	to treat
ingresar	to go into/admit to hospital
¿le duele?	does it hurt?
sentir dolor	to feel pain
estar bien/mal de salud	to be in good/poor health
estar regular	to be so-so
estar delicado del estómago/del corazón	to have a weak stomach/heart
guardar cama	to stay in bed
fuertes dolores	strong pains
llamar al médico	to call the doctor
pedir hora en el médico	to make an appointment at the doctor's
llamar a la ambulancia	to call the ambulance
entrar por urgencias	to be admitted as an emergency
ingresar a alguien por urgencias	to admit someone as an emergency
el análisis de sangre	blood test
estar de parto	to be in labour
tener un aborto	to have a miscarriage
empastar un diente	to put in a filling
sacar un diente	to extract a tooth

Language in action

Don Rafael Rodríguez León ha presentado una denuncia contra su médico de cabecera el Dr Gregorio Jiménez Gómez. El jueves pasado Don Rafael llamó para pedir hora en la consulta del Dr Jiménez Gómez, quejándose de dolores de pecho y cansancio. En la consulta, el Dr Jiménez Gómez le examinó, pero se negó a mandarle a un especialista, a pesar de que Don Rafael le advirtió que siempre había estado un poco delicado del corazón. Don Rafael dejó el centro de salud y se dirigió a su casa, pero al subir las escaleras sintió fuertes dolores en el pecho y cayó inconsciente. Un vecino, alarmado, llamó a la ambulancia que le llevó al hospital más cercano, donde Don Rafael fue admitido de urgencia. El especialista que le trató en urgencias dijo que había sufrido un ataque al corazón y que el médico de cabecera debería haber reconocido los síntomas.

la farmacia	*pharmacy*
el farmacéutico/ la farmacéutica	*pharmacist*
la receta	*prescription*
el medicamento	*medicine*
el jarabe (para la tos)	*(cough) mixture*
la pomada	*ointment, cream*
la pastilla	*pill, tablet*
el comprimido	*tablet*
la aspirina	*aspirin*
el antibiótico	*antibiotic*
el analgésico	*painkiller*
el antiinflamatorio	*anti-inflammatory*
el tubo	*tube*
el frasco	*bottle*
la tirita	*plaster*
la venda	*bandage*
el algodón	*cotton*
el alcohol	*surgical spirit*
el agua oxigenada	*hydrogen peroxide*
la mercromina	*Mercurochrome*
la compresa	*sanitary towel*
el tampón	*tampon*
el preservativo	*condom*
la píldora (anticonceptiva)	*the (contraceptive) pill*
el dolor de cabeza	*headache*
el dolor de garganta	*sore throat*
el dolor de estómago	*stomach ache*
el dolor de oído	*earache*
el dolor de muelas	*toothache*
el catarro, el resfriado, el constipado	*cold*
la gripe	*flu*
el corte	*cut*
la herida	*wound*
la inflamación	*inflammation*
la quemadura	*burn*
la quemadura de sol	*sunburn*
la mordedura	*bite* (from snake or dog)
la picadura	*bite, sting* (from insect)
la indigestión	*indigestion*
la diarrea	*diarrhoea*
la alergia	*allergy*

la fiebre del heno	*hay fever*
la fiebre	*temperature*
inflamado/inflamada	*swollen*
ronco/ronca	*hoarse*
cansado/cansada	*tired*
picar	*to sting (insect)*
morder	*to bite (snake or dog)*
cortarse	*to cut oneself*
quemarse	*to burn oneself*
constiparse, resfriarse, acatarrarse	*to get a cold*
tomar	*to take*
vendar	*to bandage*
¿tiene algo para la tos/ la gripe?	*have you got anything for a cough/the flu?*
¿qué síntomas tiene?	*what symptoms do you have?*
sentirse bien/mal	*to feel well/ill*
sentirse peor	*to feel worse*
le duele la cabeza	*his head hurts*
le duelen las articulaciones	*his joints hurt*
me he quemado	*I've burnt myself*
me ha picado un mosquito	*I've got a mosquito bite*
estar resfriado/resfriada	*to have a cold*
estar constipado/ constipada	*to have a cold*
no se vende sin receta	*it's not sold over the counter*

Language in action

- Buenos días. ¿Tiene algo para la gripe? Es para mi marido.
- ¿Qué síntomas tiene?
- Tiene fiebre, dolor de cabeza y le duelen las articulaciones. Creía que era solo un resfriado, pero hoy se siente peor. Se le ha pasado a la garganta, tose mucho y está ronco.
- Llévese estas pastillas efervescentes. Tiene que tomar una cada seis horas. Y este jarabe para la tos. Si se siente peor, debe ir al médico.
- ¿Tiene una pomada para las quemaduras? Me he quemado la mano con la plancha.
- Sí, aquí tiene. Ésta es muy buena.
- También quería una caja de Nontobil en comprimidos.
- Lo siento, no puedo dárselo. Esto no lo vendemos sin receta. Tendrá que ir al médico a que se lo recete.

el colegio	school
el instituto	secondary school, high school
la guardería	nursery
el alumno/la alumna	pupil
el/la estudiante	student
el profesor/la profesora	teacher
el maestro/la maestra	(primary) teacher
el director/la directora	headmaster/mistress, rector
el jefe/la jefa de estudios	deputy headmaster/ mistress
el rector/la rectora	vice-chancellor
el catedrático/la catedrática	professor
la clase	classroom/class/lesson
el recreo	break, playtime, recess
la clase de inglés	English lesson
la asignatura	subject
la lengua (española)	(Spanish) language
las matemáticas	mathematics
el inglés	English
el francés	French
la gimnasia	gym
la educación física	P.E.
el arte	art
la física	physics
la química	chemistry
la biología	biology
la geografía	geography
la historia	history
la carrera universitaria	degree course
la medicina	medicine
la arquitectura	architecture
el derecho	law
la economía	economics
la sociología	sociology/social studies
las empresariales	business studies
la filología inglesa	English studies/English degree
la filología hispánica	Spanish studies/Spanish degree
el uniforme	uniform
la cartera	satchel

el patio (de recreo)	*playground*
el comedor	*dining hall*
el gimnasio	*gym*
el laboratorio	*laboratory*
el aula	*classroom*
el pupitre	*desk*
la mesa	*table*
la silla	*chair*
la pizarra	*blackboard*
la tiza	*chalk*
el libro de texto	*textbook*
el libro de consulta	*reference book*
el diccionario	*dictionary*
el cuaderno	*notebook*
la carpeta	*folder*
el archivador	*ring binder*
el folio	*sheet of paper*
el bolígrafo, el boli*	*ballpoint pen*
el lápiz	*pencil*
el rotulador	*feltpen*
la pintura	*paint*
la cera	*crayon*
la regla	*ruler*
el borrador	*eraser*
la calculadora	*calculator*
el ordenador	*computer*
el magnetófono	*tape recorder*
el vídeo	*video*
la cinta	*tape*
los deberes	*homework*
el ejercicio	*exercise*
la pregunta	*question*
la duda	*doubt, query*
la respuesta	*answer*
la redacción	*essay*
el trabajo	*assignment*
la traducción	*translation*
el exámen	*exam*
el vocabulario	*vocabulary*
las notas	*marks*

difícil	*difficult*
fácil	*easy*
correcto/correcta	*correct*
incorrecto/incorrecta	*incorrect*
inteligente	*intelligent*
trabajador/trabajadora	*hard-working*
distraído/distraída	*lacking in concentration, absent-minded*
revoltoso/revoltosa	*naughty*
hablador/habladora	*talkative/always talking*
flojo/floja	*weak/poor*
excelente	*excellent*
extricto/extricta	*strict*
matricular	*to enrol*
aprender	*to learn*
pensar	*to think*
memorizar	*to memorize*
enseñar	*to teach*
explicar	*to explain*
entender	*to understand*
repetir	*to repeat*
buscar	*to look up*
discutir	*to discuss*
preguntar	*to ask a question*
contestar	*to answer*
escribir	*to write*
dibujar	*to draw*
leer	*to read*
calcular	*to calculate*
copiar	*to copy*
corregir	*to correct/mark*
regañar	*to tell off*
castigar	*to punish*
aprobar	*to pass*
suspender	*to fail*
un colegio público/estatal	*a state school, a public school (US)*
un colegio privado/de pago	*a private school*
un colegio concertado	*a grant-maintained school*
un colegio mixto/femenino/masculino	*a mixed/girls'/boys' school*
tienen nivel bajo/alto de enseñanza	*the quality of education is bad/good*

pasar lista	to take the register
prestar atención	to pay attention
guardar silencio	to keep quiet
hacer los deberes	to do your homework
resolver un problema	to work out the solution to a problem
tomar apuntes	to take notes
el laboratorio de idiomas/química	the language/chemistry lab
solicitar plaza en un colegio	to apply to a school
matricular a un niño en un colegio	to enrol a child in a school
matricularse en la universidad	to enrol at university
estudiar la carrera de derecho	to do a degree in law
el programa de estudios	the curriculum/syllabus
ofrecer actividades extraescolares	to offer extra-curricular activities
la (enseñanza) primaria/secundaria	primary/secondary(education)
la enseñanza universitaria	higher education
el examen de ingreso	entrance exam
el examen oral/escrito	oral/written exam
el examen parcial/final	modular/final exam
presentarse a un examen	to sit an exam
hacer novillos*	to skive off school
perder clase	to miss school

Language in action

- Hola Carmen. ¿Has terminado ya el trabajo sobre el arte precolombino?
- No, no me ha dado tiempo.
- ¿Por qué no?
- Ten en cuenta que estoy trabajando además de estudiar una carrera.
- Sí, pero este trabajo cuenta para la nota final. Ya has suspendido un parcial de esta asignatura. Vas a tener que estudiar a fondo si quieres aprobar.
- Ya lo sé, pero me resulta muy difícil, tengo muchas dudas. El mes pasado estuve enferma. Perdí muchas clases y no pude tomar apuntes.
- Yo puedo prestarte los apuntes y si quieres puedo trabajar contigo para explicarte lo que no entiendas.

el trabajo	*job*
el empleo	*employment, job*
el desempleo, el paro	*unemployment*
la empresa, la compañía	*company*
la administración pública	*civil service*
la plaza	*position, post*
el/la aspirante	*applicant*
el candidato/la candidata	*candidate*
el currículum	*CV*
el formulario, el impreso	*form*
las referencias	*references*
la titulación	*qualifications*
la educación	*education*
la experiencia laboral/ profesional	*work/professional experience*
el contrato	*contract*
el sueldo	*salary*
la comisión	*commission*
el incentivo	*incentive*
el coche de la empresa	*company car*
la formación	*training*
el aprendizaje	*apprenticeship*
el ascenso	*promotion*
la entrevista	*interview*
la cita	*appointment*
el periódico	*newspaper*
el despido	*dismissal/redundancy*
el despido improcedente/ injustificado	*unfair dismissal*
la indemnización (por despido)	*redundancy money*
parado/parada	*unemployed*
motivado/motivada	*motivated*
responsable	*responsible*
trabajar	*to work*
buscar	*to look for*
ofrecer	*to offer*
necesitar	*to need*
solicitar	*to apply for*
emplear	*to employ*
incorporarse	*to start work*

el trabajo temporal/fijo	*temporary/fixed job*
a tiempo completo/ a tiempo parcial	*full time/part time*
un contrato temporal/ indefinido	*a temporary/indefinite contract*
buscar trabajo	*to look for a job*
la sección de ofertas de empleo	*appointments section*
estar en paro	*to be unemployed*
trabajar a tiempo completo	*to work full time*
trabajar a tiempo parcial	*to work part time*
trabajar por cuenta propia	*to be self-employed*
la paga extra, la paga extraordinaria	*bonus (given at Christmas and in July)*
un curso de formación	*training course*
un periodo de prueba	*trial period*
posibilidades de ascenso, perspectivas de ascenso	*promotion prospects*
se exige titulación universitaria/superior	*graduate required*
disponibilidad para viajar	*availability to travel*
conocimientos de portugués	*knowledge of Portuguese*
dominio del inglés	*full command of English*
un puesto de responsabilidad	*a position of responsibility*
los interesados deben...	*those interested must...*
¿qué tipo de trabajo busca?	*what type of job are you looking for?*

anguage in action

E NECESITAN COMERCIALES (tres plazas):

uscamos personas con:
Titulación universitaria.
Dominio del inglés.
Carnet de conducir y disponibilidad para viajar.

frecemos:
Contrato indefinido después de periodo de prueba.
Coche de empresa.
Salario fijo más comisión.
Seguridad social.

la profesión	*profession*
el funcionario/la funcionaria	*civil servant*
el abogado/la abogada	*lawyer*
el/la juez	*judge*
el médico/la médica	*doctor*
el enfermero/la enfermera	*nurse*
el veterinario/la veterinaria	*vet*
el cirujano/la cirujana	*surgeon*
el/la asistente social	*social worker*
el director/la directora	*director* (of a company)
el maestro/la maestra	*(primary) school teacher*
el profesor/la profesora	*teacher/lecturer*
el/la contable	*accountant*
el consultor/la consultora	*consultant*
el ingeniero/la ingeniera	*engineer*
el arquitecto/la arquitecta	*architect*
el/la interiorista	*interior designer*
el diseñador/la diseñadora	*designer*
el informático/la informática	*computer scientist*
el/la periodista	*journalist*
el científico/la científica	*scientist*
el escritor/la escritora	*writer*
el músico/la música	*musician*
el pintor/la pintora	*painter*
el/la artista	*artist*
el actor/la actriz	*actor/actress*
el/la cantante	*singer*
el fotógrafo/la fotógrafa	*photographer*
el/la gerente	*manager*
el vendedor/la vendedora	*sales assistant, sales clerk*
el/la comercial	*sales representative*
el tendero/la tendera	*shopkeeper, storekeeper*
el carnicero/la carnicera	*butcher*
el pescadero/la pescadera	*fishmonger*
el frutero/la frutera	*fruitseller*
el verdulero/la verdulera	*greengrocer*
el panadero/la panadera	*baker*
el peluquero/la peluquera	*hairdresser*
el carpintero/la carpintera	*carpenter*
el/la electricista	*electrician*
el fontanero/la fontanera	*plumber*
el mecánico/la mecánica	*mechanic*
el agricultor/la agricultora	*farmer*

el minero/la minera	miner
el obrero/la obrera	worker/building worker
el/la oficinista	office worker
el secretario/la secretaria	secretary
el administrativo/la administrativa	administrative assistant/ clerk
el ejecutivo/la ejecutiva	executive
el hombre/la mujer de negocios	businessman/-woman
el camarero/la camarera	waiter/waitress
el cocinero/la cocinera	cook
el cartero/la cartera	postman/-woman
el conductor/la conductora de autobuses	bus driver
el conductor/la conductora de tren	train driver
el/la taxista	taxi driver
el/la agente de policía	policeman/-woman
el/la piloto	pilot
la azafata	air hostess
el/la auxiliar de vuelo	flight attendant
el ama de casa	housewife
el/la soldado	soldier
trabajar de...	to work as a...
ganarse la vida de...	to earn your living as a...
un trabajo bien/mal remunerado	a well/badly paid job
sentirse realizado/ realizada	to feel fulfilled

Language in action

¿Cómo decidiste hacerte actriz?
Siempre me ha gustado actuar, desde muy pequeña, pero nunca pensé dedicarme a ello profesionalmente.
¿Por qué?
Pensaba que era imposible ganarse la vida como actriz. Así es que estudié secretariado. Encontré un trabajo en una oficina y trabajé allí durante cinco años como administrativa. Ganaba un buen sueldo pero no me sentía realizada profesionalmente.
¿Entonces...?
Empecé a asistir a clases nocturnas de drama y a participar en pequeñas obras de teatro de aficionados. No eran trabajos bien remunerados, pero colaborar en esas producciones era para mí muy gratificante. Me di cuenta de que solo podría sentirme verdaderamente satisfecha si me dedicaba al teatro.

la oficina	office
el despacho	(private) office
el departamento	department
la recepción	reception
la centralita	switchboard
la extensión	extension
la llamada (telefónica)	(phone) call
el teléfono	telephone
el fax	fax
la fotocopiadora	photocopier
el archivador	filing cabinet/file/ring binder
el archivo	file
el cuaderno	notebook, scratch pad
el folio/la hoja de papel	sheet of paper
la perforadora	hole punch
la grapadora	stapler
la grapa	staple
el clip	paper clip
las tijeras	scissors
el celo	Sellotape, Scotch tape
el borrador	eraser
el typex	correcting fluid
el bolígrafo, el boli*	ballpoint pen
el rotulador	felt-tip pen
el lápiz	pencil
la pluma	pen
el recambio de tinta	ink cartridge
la máquina de escribir	typewriter
el ordenador	computer
el procesador de textos	word processor
la impresora	printer
el ratón	mouse
el director ejecutivo/la directora ejecutiva	MD/executive director
el director/la directora general	general manager
el jefe/la jefa de personal	personnel manager
el administrativo/la administrativa	administrative assistant
el/la oficinista	office worker/clerk
el secretario/la secretaria	secretary

el secretario/la secretaria personal	PA
el/la recepcionista	receptionist
el/la colega	colleague
trabajador/trabajadora	hard-working
perezoso/perezosa	lazy
eficiente	efficient
estresante	stressful
competitivo/competitiva	competitive
fichar	to clock in/out
pagar	to pay
despedir	to dismiss, sack/make redundant
entrar	to get in
salir	to leave
trabajar	to work
mandar un fax	to send a fax
hacer una llamada	to make a call
le pongo con...	I'll put you through to...
las horas de oficina	office hours
el horario flexible	flexitime
el día de paga	pay day
la hora del café	coffee break around 10 a.m. (when workers can go out)
las horas extraordinarias	overtime
estar retrasado en el trabajo	to be behind with one's work

Language in action

Memo:

El señor director quiere recordar a los empleados de esta oficina que:
Las horas de oficina son de 9 de la mañana a 6 de la tarde. No de 9.30 a 5.30, ni de 10 a 4. Nuestra oficina no ofrece un horario flexible.
La hora del café no dura hasta las doce y media.
Está restringido el uso del teléfono para llamadas personales, especialmente si es para llamadas internacionales.
Los empleados deben procurar tratar la fotocopiadora con cuidado.
Está terminantemente prohibido comer en horas de oficina, y aún más guardar los bocadillos en el archivador.
Todo empleado que sea descubierto durmiendo la siesta encima de la mesa será inmediatamente despedido.

el informático/ la informática	*computer specialist*
el ordenador	*computer*
el PC	*PC*
el (ordenador) portátil	*laptop*
la terminal	*terminal*
la pantalla	*screen*
el monitor	*monitor*
el teclado	*keyboard*
la tecla	*key*
el cursor	*cursor*
el ratón	*mouse*
la memoria	*memory*
la RAM	*RAM*
la ROM	*ROM*
el disco duro	*hard disk*
la unidad de disco	*disk drive*
el disquete	*diskette*
el CD-ROM	*CD-Rom*
el DVD	*DVD*
el hardware	*hardware*
el software	*software*
el sistema	*system*
el programa	*program*
la función	*function*
el menú	*menu*
la ventana	*window*
el icono	*icon*
el archivo	*file*
el documento	*document*
el procesador de textos	*word processor*
la hoja de cálculo	*spreadsheet*
la base de datos	*database*
la información	*data*
la copia de seguridad	*back-up copy*
la impresora	*printer*
el listado	*printout*
el módem	*modem*
el correo electrónico	*e-mail*
el virus	*virus*
informatizar	*to computerize*
cancelar	*to cancel*
aplicar	*to apply*

conectar	to connect
insertar	to insert
instalar	to install
programar	to program
guardar	to save
almacenar	to store
copiar	to copy
cortar	to cut
pegar	to paste
comprobar	to check
un ordenador fácil de usar	a user-friendly computer
una copia pirata	a pirate copy
entrar/salir del sistema	to log on/off
almacenar/recuperar la información	to store/retrieve the data
se ha caído el sistema	the system has crashed
el ordenador (se) ha colgado	the computer has crashed
el departamento de informática	the IT department
la clave de acceso, la contraseña	the password
el sistema operativo	the operating system
teclear los datos	to key in the information
dar a una tecla	to press a key
hacer un clic/dos veces clic	to click/double click

Language in action

Mariano, tu eres informático ¿no? ¿Me podrías ayudar con el ordenador?

¿Qué le pasa?

No consigo entrar en el sistema. Cada vez que lo intento se cuelga.

¿Cuándo ha empezado a pasar?

Ayer. Tuve que cambiarle la unidad de disco de CD porque no funcionaba bien y desde entonces falla cada vez que intento entrar.

Es posible que la unidad de disco nueva no sea compatible con el disco duro. Si no es eso, es que tienes un virus.

¿Cómo puedo tener un virus? Siempre compruebo todos los disquetes con el programa anti-virus.

¿Usas el correo electrónico? A veces pueden llegarte en forma de mensaje. Lo voy a mirar.

la fábrica	*factory*
el propietario/la propietaria	*owner*
el supervisor/la supervisora	*supervisor*
el jefe/la jefa	*boss*
el trabajador/la trabajadora	*worker*
el obrero/la obrera	*worker*
el aprendiz/la aprendiza	*apprentice*
la máquina	*machine*
el tren de montaje	*assembly line*
el almacén	*warehouse*
el embalaje	*packing*
el turno (de mañana/de noche)	*(morning/night) shift*
el sindicato	*trade union*
el/la sindicalista	*trade unionist*
el/la huelguista	*striker*
la huelga	*strike*
la reivindicación	*demand*
el piquete	*picket/picket line*
la tienda	*shop*
el/la gerente	*manager*
el encargado/la encargada	*manager*
el dependiente/la dependienta	*sales assistant, sales clerk*
el vendedor/la vendedora	*sales assistant, sales clerk*
el tendero/la tendera	*shopkeeper, storekeeper*
el cajero/la cajera	*cashier*
el/la cliente	*customer*
el escaparate	*shop/store window*
la estantería	*shelves*
el mostrador	*counter*
los alimentos	*foodstuffs*
los artículos	*articles/goods*
el producto	*product*
el estock	*stock*
el precio	*price*
el recibo	*ticket*
la planta baja/alta	*the ground/top floor*
las escaleras mecánicas	*escalator*
las rebajas	*sales*
mecánico/mecánica	*mechanical*
rutinario/rutinaria	*monotonous*
bajo/baja	*low*

caro/cara	*expensive*
barato/barata	*cheap*
servicial	*helpful*
cerrar	*to close*
ceder	*to give in*
despedir	*to dismiss/make redundant*
amenazar	*to threaten*
estar/ponerse en huelga	*to be/go on strike*
la huelga de brazos caídos	*sit-down strike*
la huelga de celo	*work-to-rule*
la huelga general	*general strike*
la subida de sueldo	*pay rise*
las medidas de seguridad	*security measures*
estar en negociaciones	*to be in negotiations*
salida de urgencia	*emergency exit*
hacer el inventario	*to do the stocktaking*
pagar en caja	*to pay at the cash desk*
por favor, no tocar	*please do not touch*
ofertas especiales	*special offers*
precios increíbles/de rebajas	*incredible/sales prices*
ofertas especiales	*special offers*
liquidación de existencias	*stocktaking clearance*
de venta en este establecimiento	*on sale here*
horario comercial	*opening hours*
abierto todo el día	*open all day*
cerrado por vacaciones/ por defunción	*closed for holidays/owing to bereavement*

Language in action

Los trabajadores de MGT han decidido prolongar la huelga que han mantenido desde hace dos meses. Entre las reivindicaciones de los trabajadores están un aumento de los salarios y una mejora en las medidas de seguridad. La huelga se inició tras el accidente que ocurrió en la fábrica en el que resultaron heridos tres obreros. Los trabajadores han formado piquetes en la entrada de la fábrica que impiden el paso a los que van a trabajar. Los sindicatos están en negociaciones con los propietarios desde el principio del conflicto. Los representantes de estos sindicatos han declarado hoy a nuestro periódico que los propietarios, que en un principio amenazaban con despedir a los trabajadores en huelga, se muestran ahora dispuestos a ceder a algunas de sus demandas.

Europa (F)	*Europe*
la Unión Europea, la UE	*European Union, EU*
América del Norte (F)	*North America*
América del Sur (F)	*South America*
Sudamérica, Suramérica (F)	*South America*
Norteamérica (F)	*North America*
África (F) *(but takes `el')*	*Africa*
Australia (F)	*Australia*
Asia (F)	*Asia*
España (F)	*Spain*
Gran Bretaña (F)	*Great Britain*
(el) Reino Unido	*United Kingdom*
Inglaterra (F)	*England*
Escocia (F)	*Scotland*
(el país de) Gales	*Wales*
Irlanda del Norte (F)	*Northern Ireland*
Irlanda (F)	*Ireland*
Francia (F)	*France*
Alemania (F)	*Germany*
Italia (F)	*Italy*
Portugal (M)	*Portugal*
Grecia (F)	*Greece*
Turquía (F)	*Turkey*
Holanda (F)	*Holland*
Bélgica (F)	*Belgium*
los Países Bajos	*the Netherlands*
Suiza (F)	*Switzerland*
Suecia (F)	*Sweden*
Noruega (F)	*Norway*
Finlandia (F)	*Finland*
Dinamarca (F)	*Denmark*
Polonia (F)	*Poland*
Hungría (F)	*Hungary*
Austria (F) *(but takes `el')*	*Austria*
Rusia (F)	*Russia*
(la) India	*India*
Paquistán (M)	*Pakistan*
Bangladesh (M)	*Bangladesh*
China (F)	*China*
Japón (M)	*Japan*
Filipinas (F)	*Philippines*
Nueva Zelanda (F)	*New Zealand*
(los) Estados Unidos, EEUU	*United States, USA*

Méjico, México (M)	Mexico
Argentina (F)	Argentina
Chile (M)	Chile
Venezuela (F)	Venezuela
Colombia (F)	Colombia
Cuba (F)	Cuba
Guatemala (F)	Guatemala
Nicaragua (F)	Nicaragua
Costa Rica (F)	Costa Rica
El Salvador (M)	El Salvador
Perú (M)	Peru
Panamá (M)	Panama
Ecuador (M)	Ecuador
Brasil (M)	Brazil
(la) República Dominicana	Dominican Republic
las Antillas	West Indies
Marruecos (M)	Morocco
Túnez (M)	Tunisia
Argelia (F)	Algeria
Sudáfrica/Suráfrica (F) *(but takes 'el')*	South Africa
la autonomía	autonomous region
Cataluña (F)	Catalonia
Valencia (F)	Valencia
(las Islas) Baleares	Balearic Islands
(las Islas) Canarias	Canary Islands
el País Vasco	Basque Country
Andalucía (F)	Andalusia
Galicia (F)	Galicia
Castilla-La Mancha (F)	Castilla-La-Mancha
Castilla y León (F)	Castilla-León
Cantabria (F)	Cantabria
Navarra (F)	Navarre
La Rioja	La Rioja
Aragón (M)	Aragon
Asturias (F)	Asturias
Madrid (M)	Madrid
Murcia (F)	Murcia
vivir en...	to live in...
nacer en...	to be born in...
ser de...	to be from...
querer conocer...	to want to go and see...
me gustaría visitar	I'd like to visit...

la nacionalidad	*nationality*
la religión	*religion*
el cristianismo	*Christianity*
el catolicismo	*Catholicism*
el protestantismo	*Protestantism*
la iglesia ortodoxa	*Orthodox Church*
el islamismo	*Islam*
el judaísmo	*Judaism*
el hinduismo	*Hinduism*
el budismo	*Buddhism*
el agnosticismo	*agnosticism*
el ateísmo	*atheism*
europeo/europea	*European*
americano/americana	*American*
sudamericano/ sudamericana	*South American*
suramericano/ suramericana	*South American*
norteamericano/ norteamericana	*North American*
africano/africana	*African*
australiano/australiana	*Australian*
asiático/asiática	*Asian*
español/española	*Spanish*
británico/británica	*British*
inglés/inglesa	*English*
escocés/escocesa	*Scottish*
galés/galesa	*Welsh*
irlandés/irlandesa	*Irish*
francés/francesa	*French*
alemán/alemana	*German*
italiano/italiana	*Italian*
portugués/portuguesa	*Portuguese*
griego/griega	*Greek*
turco/turca	*Turkish*
holandés/holandesa	*Dutch*
belga	*Belgian*
suizo/suiza	*Swiss*
sueco/sueca	*Swedish*
noruego/noruega	*Norwegian*
finlandés/finlandesa	*Finnish*
danés/danesa	*Danish*
polaco/polaca	*Polish*
húngaro/húngara	*Hungarian*

austriaco/austriaca	*Austrian*
ruso/rusa	*Russian*
indio/india	*Indian*
paquistaní	*Pakistani*
chino/china	*Chinese*
japonés/japonesa	*Japanese*
filipino/filipina	*Philippine*
neocelandés/ neocelandesa	*of/from New Zealand*
estadounidense	*American*
mejicano/mejicana, mexicano/mexicana	*Mexican*
argentino/argentina	*Argentinian*
chileno/chilena	*Chilean*
venezolano/venezolana	*Venezuelan*
colombiano/colombiana	*Colombian*
cubano/cubana	*Cuban*
guatemalteco/ guatemalteca	*Guatemalan*
nicaragüense	*Nicaraguan*
costarricense	*Costa Rican*
salvadoreño/salvadoreña	*Salvadorean*
peruano/peruana	*Peruvian*
panameño/panameña	*Panamanian*
ecuatoriano/ecuatoriana	*Ecuadorian*
brasileño/brasileña	*Brazilian*
dominicano/dominicana	*Dominican*
antillano/antillana	*West Indian*
marroquí	*Moroccan*
tunecino/tunecina	*Tunisian*
argelino/argelina	*Algerian*
sudafricano/sudafricana, surafricano/surafricana	*South African*
cristiano/cristiana	*Christian*
católico/católica	*Catholic*
protestante	*Protestant*
ortodoxo/ortodoxa	*Orthodox*
musulmán/musulmana	*Muslim*
judío/judía	*Jewish*
hindú	*Hindu*
budista	*Buddhist*

la industria siderúrgica	iron and steel industry
la industria naviera	shipping industry
la industria química	chemical industry
la industria farmacéutica	pharmaceutical industry
la industria petrolífera	oil industry
la industria del metal	metalworking industry
la industria del papel	paper industry
la industria del vidrio	glass industry
la industria textil	textile industry
la industria alimenticia	food industry
la industria láctea	dairy industry
la industria cárnica	meat industry
la industria pesquera	fish industry
la industria conservera	canning industry
la industria vinícola	wine industry
la industria automovilística/ del automóvil	car industry
la industria aeronáutica	aeronautics industry
la industria electrónica	electronic industry
la industria de la informática	computer industry
las artes gráficas	graphic arts
la minería	mining industry
la construcción	building industry
la industria turística	tourist industry
el yacimiento de petróleo	oilfield
la plataforma petrolífera/ petrolera	oil rig
la refinería de de petróleo	oil refinery
el oleoducto	oil pipe
la fundición de acero	steel mill
el horno de fundición	smelting furnace
la fábrica de vidrio	glassworks
la fábrica de papel, la papelera	paper mill
la imprenta	printing press
la fábrica de algodón/lana	wool/cotton mill
el aserradero	sawmill
el astillero	shipyard
la mina	mine
la presa hidroeléctrica	hydroelectric dam
la central hidroeléctrica	hydroelectric power station
la planta nuclear	nuclear power plant

la central térmica	power station
la fábrica de gas	gas works
el matadero	slaughterhouse
la maquinaria	machinery
gradual	gradual
económico/económica	economical
industrial	industrial
fabricar	to manufacture
producir	to produce
elaborar	to produce, make
importar	to import
exportar	to export
invertir	to invest
fundir	to smelt
construir	to build
imprimir	to print
extraer	to extract
explotar	to operate, exploit
la reconversión industrial de un sector	rationalization of a sector
la subvención estatal	government subsidy
el cese de la actividad	cessation of activity

Language in action

Sociedad y economía

El nuevo acuerdo firmado en la Comunidad Europea va a dañar seriamente a la industria minera de la zona norte del país. El acuerdo entre todos los países de la comunidad prohíbe las subvenciones estatales a las industrias.

Aunque nadie niega que es necesario realizar una reconversión industrial del sector, ya que actualmente resulta más económico importar carbón del este de Europa que explotar las minas del país, el cambio está teniendo lugar demasiado rápido: de las 100 toneladas que se producían anteriormente se ha bajado a 50 en menos de un año. La diferencia necesaria para cubrir las necesidades energéticas del país se consigue importando.

El cese de toda actividad minera puede causar enormes daños sociales, ya que muchas comunidades e industrias dependen de este sector de la economía. El gobierno tiene una responsabilidad con estas comunidades y debería invertir en industrias alternativas con futuro, como las industrias relacionadas con las comunicaciones, para poder ofrecer otros empleos en la zona.

el negocio	*business*
la asociación	*partnership*
el socio/la socia	*partner*
el/la mayorista	*wholesaler*
el/la minorista	*retailer*
los beneficios	*profits*
las ganancias	*earnings*
las pérdidas	*losses*
la contabilidad	*accounting/accountancy*
la facturación	*turnover/invoicing*
la factura	*invoice*
la(s) venta(s)	*sale(s)*
la compra	*purchase*
la promoción	*promotion*
el marketing	*marketing*
el/la cliente	*client, customer*
el consumidor/la consumidora	*consumer*
la competencia	*competition*
la fusión	*merger*
el mercado	*market*
la economía	*economy*
el sector	*sector*
la exportación	*export*
la importación	*import*
la bolsa	*stockmarket/stock exchange*
la inversión	*investment*
el inversor/la inversora	*investor*
las acciones	*shares*
el capital	*capital*
el/la accionista	*shareholder*
el/la agente de bolsa	*stockbroker*
el riesgo	*risk*
la bancarrota	*bankruptcy*
el impuesto	*tax*
el IVA	*VAT*
el/la contribuyente	*taxpayer*
la deuda	*debt*
el déficit	*deficit*
la crisis	*crisis*
la recesión	*recession*
la inflación	*inflation*

privado/privada	*private*
estatal	*state-run*
público/pública	*public*
solvente	*solvent*
invertir	*to invest*
pagar	*to pay*
gastar	*to spend*
ganar	*to earn*
perder	*to lose*
arriesgar	*to risk*
especular	*to speculate*
vender	*to sell*
comprar	*to buy*
endeudarse	*to get into debt*
exportar	*to export*
importar	*to import*
liderar	*to lead/head*
nacionalizar	*to nationalize*
privatizar	*to privatize*
el mundo de los negocios	*the business world*
el socio/accionista mayoritario	*principal partner/ shareholder*
la oferta y la demanda	*supply and demand*
una oferta pública de adquisición, una opa	*a takeover bid*
el año fiscal	*tax year*
el fraude fiscal	*tax evasion*
el tipo de interés/de cambio	*interest/exchange rate*
la economía de libre mercado	*free market economy*

Language in action

La semana en la bolsa

Esta semana todas las bolsas de la zona euro sufrieron un inesperado y brusco descenso. Los datos de enero respecto a la inflación son preocupantes. La semana cerró con una inflación del 3%. La decisión de subir los tipos de interés no ha sido ninguna sorpresa para el mercado, que desde hace unos días estaba reflejando el alza. No se deben esperar efectos inmediatos sobre la rentabilidad de las inversiones y es probable que esta subida no sea la última. El objetivo principal es combatir la inflación, que ha aumentado a causa de la subida en los precios del petróleo y de la depreciación de la moneda única en casi un 20%

el PC	PC
el disco duro	hard disk
el módem	modem
la conexión	connection
el bit	bit
el byte	byte
el lenguage	language
la barra de herramientas	toolbar
el Internet	Internet
el navegador/explorador	browser
el protocolo	protocol
el proveedor	provider
el servidor	server
el buscador por palabras	search engine
el canal Chat	chatline
la World Wide Web, la WWW	the World Wide Web
la Red, la red	the Net
el/la internauta	net surfer
la página web	web page
el sitio	site
la página principal	homepage
la dirección (de la página) web	web address
el dominio	domain
el hipertexto	hypertext
el enlace	link
el correo electrónico	e-mail
la dirección de correo electrónico	e-mail address
la arroba	@ sign
la libreta de direcciones	address book
el mensaje (de correo electrónico)	e-mail (message)
el emilio*	e-mail (message)
el documento adjunto	attachment
la bandeja de entrada	in basket
la bandeja de salida	out basket
digital	digital
electrónico/electrónica	electronic
sencillo/sencilla	simple
interesado/interesada	interested
colapsado/colapsada	down (due to overloading)

regularmente	regularly
conectar	to connect
acceder a	to access
enviar/mandar	to send
reenviar	to resend
recibir	to receive
transferir	to transfer
redactar	to write
eliminar	to delete
descargar	to download
cargar	to load
recargar	to reload
publicar	to publish
vender	to sell
copiar	to copy
imprimir	to print
la autopista de la información	the information superhighway
dar/tener acceso a	to give/have access to
servicio en línea	on-line service
detener la carga de la página	to stop loading a page
el sitio web	web site
los elementos eliminados/enviados	deleted/sent messages
los favoritos	favourites
los marcadores	bookmarks

Language in action

Ahora que la mayor parte del público tiene acceso a un módem y está conectado a Internet, las editoriales han visto enseguida las posibilidades de este medio. La mayoría tiene ya una página web a las que el internauta puede acceder para informarse de las últimas novedades que han salido al mercado. Una vez que el usuario ha encontrado el libro que le interesa, algunas de estas páginas tienen enlaces con librerías electrónicas que hacen que sea posible comprar el libro por Internet y recibirlo por correo en tu propia casa. En algunas de estas librerías electrónicas los usuarios pueden enviar críticas de los libros que han leído por correo electrónico. Muchas editoriales están también muy interesadas en la idea de publicar en Internet. Los libros se publican y se venden en formato electrónico. El usuario puede descargar de la red el archivo en su ordenador, pero no copiarlo ni imprimirlo. Cuando una novela de un conocido escritor de bestsellers se publicó de esta forma, los servidores de las librerías electrónicas que distribuyen la obra se vieron colapsados.

el turismo	tourism
el viaje	journey, trip
el viaje organizado	package tour
el crucero	cruise
la excursión	tripper, sightseer
la costa	coast/seaside
el puerto marítimo/de mar	seaport
la montaña	mountain
el centro turístico	tourist resort
la estación de esquí	ski resort
el pueblo costero	seaside village
el alojamiento	accommodation
la estancia	stay
el hotel	hotel
la pensión	guest house
el apartamento	apartment
el apartotel	service apartments
la casa rural	country cottage
el chalet	villa
el bungalow	cabin, chalet
el albergue juvenil	youth hostel
el camping	camping/campsite
la tienda de campaña	tent
la caravana	caravan
la oficina de turismo	tourist office
la agencia de viajes	travel agency
el folleto	brochure
la reserva	booking
el billete	ticket
el precio	price
el suplemento	supplement
la habitación doble/sencilla	double/single room
el baño	bathroom/bath/swim
el billete	ticket
la piscina	swimming pool
el viajero/la viajera	traveller
el/la turista	tourist
el/la veraneante	holidaymaker
el/la excursionista	tripper/hiker
bullicioso/bulliciosa	noisy/busy
histórico/histórica	historical
tranquilo/tranquila	quiet
relajado/relajada	relaxed

animado/animada	*lively*
programado/programada	*organized, scheduled*
viajar	*to travel*
organizar	*to organize*
reservar	*to book*
alquilar	*to rent*
disfrutar	*to enjoy*
relajarse	*to relax*
descansar	*to rest*
evitar	*to avoid*
preferir	*to prefer*
la oferta especial	*special offer*
irse de vacaciones	*to go on holiday*
hacer turismo	*to go sightseeing*
viajar por tu cuenta	*to travel independently*
alrededor del mundo	*around the world*
la temporada alta/baja	*high/low season*
media pensión	*half board*
pensión completa	*full board*
desayuno incluido	*breakfast included*
una habitación con baño	*an en suite room*
estar a gusto	*to feel at ease*

Language in action

¿Disfruta de las vacaciones?

1. ¿Qué significan para usted las vacaciones?
A) Visitar miles de sitios, ver cientos de monumentos históricos.
B) Estar a gusto, descansar, relajarse.
C) Pasar el tiempo en un sitio que conoce, con gente que conoce.

2. ¿Qué tipo de vacaciones prefiere?
A) Un viaje organizado.
B) Viajar por su cuenta.
C) Alquilar una casa para todas las vacaciones.

3. Evita:
A) Los lugares bulliciosos, animados y con mucha gente.
B) Los lugares muy tranquilos y con poco que hacer.
C) Los viajes con excursiones programadas.

4. En lo que se refiere a vacaciones, su sueño es:
A) Un viaje alrededor del mundo.
B) Un crucero.
C) Quedarse en casa.

el viaje	trip/travel/journey
el itinerario	itinerary
el destino	destination
la travesía	crossing
el vuelo	flight
la salida	departure
el retraso	delay
la cancelación	cancellation
la plaza	seat (in train or plane)
el aeropuerto	airport
el puerto	port, harbour
la estación	station
el andén/la vía	platform
la consigna	left luggage
el horario	timetable
el pasajero/la pasajera	passenger
el equipaje	luggage
la maleta	suitcase
la bolsa de viaje	travel bag
la mochila	rucksack
la bolsa de baño	toilet bag
la cámara (de fotos)	camera
el carrete/la película/el rollo de fotos	roll of film
el vídeo	video
el plano de la ciudad	town plan
el mapa (de carreteras)	(road) map
la guía turística	tourist guide
el billete	ticket
el pasaporte	passport
el visado	visa
el cheque de viaje	traveller's cheque
el hotel	hotel
la recepción	reception
el ascensor	lift, elevator
la escalera	stairs
la planta	floor
el restaurante	restaurant
retrasado/retrasada	delayed
completo/completa	full
cancelado/cancelada	cancelled
tarde	late

facturar	to check in
embarcar	to board
despegar	to take off
aterrizar	to land
subir	to get on
bajar	to get off
salir	to leave
llegar	to arrive
cancelar	to cancel
perder	to lose/miss
esperar	to wait
reclamar	to claim/complain
quejarse	to complain
compensar	to compensate
devolver	to return/refund
cambiar dinero	to change money
hacer fotos	to take pictures
hacer conexión con	to connect with
recoger el equipaje	to collect your luggage
el equipaje de mano	hand luggage
el vuelo regular/chárter	regular/charter flight
el billete de primera/ segunda clase	first-/second-class ticket
el billete en clase preferente	business-class ticket
el billete en clase turista	tourist-class ticket
el seguro de viaje	travel insurance

Language in action

Estimado señor/Estimada señora:

Me dirijo a usted para quejarme por el servicio prestado por su compañía durante el vuelo que realicé el pasado 18 de mayo. Cuando llegué al aeropuerto en El Cairo, los representantes de su compañía nos informaron de que el vuelo había sido retrasado hasta el día siguiente 'debido a razones técnicas'. Su compañía nos envió a un hotel para pasar la noche, pero al llegar al hotel nos dijeron que no tenían habitaciones individuales, por lo que me vi obligada a compartir la habitación con otra de las pasajeras. Tuve también que cambiar dinero para poder cenar ya que el restaurante del hotel estaba cerrado. [...]
Como consecuencia de todo ello, no sólo espero que su compañía me devuelva el importe del billete de Roma a Madrid, sino que además exijo una compensación por las molestias sufridas.

Atentamente

el mar	*sea*
la costa	*coast/seaside*
el acantilado	*cliff*
la cala	*cove*
el puerto	*port/harbour*
el puerto deportivo	*yacht marina*
el faro	*lighthouse*
la playa	*beach*
la marea (alta/baja)	*(high/low) tide*
la arena	*sand*
la roca	*rock*
el guijarro	*pebble*
la ola	*wave*
el sol	*sun*
la brisa	*breeze*
la piscina	*swimming pool*
la sombrilla	*sunshade*
la tumbona	*sunbed*
la toalla	*towel*
el traje de baño	*swimsuit/swimming trunks*
el bañador	*swimsuit/swimming trunks*
el bikini	*bikini*
el sombrero	*hat*
la pamela	*sunhat*
el esnórkel	*snorkel*
las aletas	*flippers*
el bronceador	*tanning lotion*
el aceite bronceador	*suntan oil*
el filtro solar	*sunscreen, sunblock*
las gafas de sol	*sun glasses*
el patín	*pedalo*
la tabla de surf	*surfboard*
la tabla de windsurf	*sailboard*
el salvavidas/el flotador	*rubber ring*
el manguito	*armband*
el chaleco salvavidas	*life jacket*
el/la socorrista	*lifeguard*
el helado	*ice cream*
el barco	*ship*
el yate	*yacht*
el velero	*sailing ship*
barco a motor	*motorboat*
el bote	*boat*

la barca (de remos)	*(rowing) boat*
la lancha	*dinghy*
soleado/soleada	*sunny*
bronceado/bronceada, moreno/morena	*tanned*
espectacular	*spectacular*
maravilloso/maravillosa	*wonderful*
limpio/limpia	*clean*
realmente, verdaderamente	*really*
nadar	*to swim*
navegar	*to sail*
pasear	*to go for a walk*
cenar	*to have dinner*
hace mucho calor	*it's very hot*
hace sol	*it's sunny*
tomar el sol	*to sunbathe*
ponerse moreno/morena	*to get a tan*
tomar un helado	*to have an ice cream*
hacer surf/windsurf	*to surf/windsurf*
pasar el día en...	*to spend the day in...*

Language in action

Querida Sara:

Te escribo esta postal desde este precioso pueblo de la costa. Hace un sol espléndido. Todas las mañanas vamos a la playa a tomar el sol (ya estoy muy morena, pero no te preocupes, no me olvido de ponerme bronceador). Nos bañamos a diario. El agua está muy limpia y apetece mucho nadar para refrescarse, porque hace mucho calor. Hasta he intentado hacer windsurf, aunque con poco éxito. Por la tarde vamos a pasear por el puerto hasta el faro o hacemos alguna excursión. Hay unos acantilados realmente espectaculares cerca de aquí. Por la noche cenamos en alguno de los restaurantes de pescado del puerto. Mañana vamos a pasar el día visitando algunas de las calas cercanas en el barco de unos amigos. ¡Esto es vida!

Te veo pronto. Un abrazo

Lucía

la montaña	*mountain*
el parque nacional	*national park*
el parque natural	*nature reserve*
el senderismo	*hiking, trekking*
el montañismo, el alpinismo	*mountaineering, mountain-climbing*
la escalada (en roca)	*(rock) climbing*
el sendero	*track*
el camino	*path/road*
la ruta	*route*
el lago	*lake*
la laguna	*lake, pool*
la mochila	*rucksack*
el albergue de montaña	*refuge*
el camping	*campsite/camping*
el equipo de camping	*camping equipment*
la brújula	*compass*
la tienda (de campaña)	*tent*
el saco de dormir	*sleeping bag*
la colchoneta	*air bed*
la linterna	*torch*
el hornillo	*camping stove*
la bombona de gas	*gas cylinder*
la hogera de campamento	*campfire*
la leña	*wood*
las ramas secas	*dry branches*
las cerillas	*matches*
el abrelatas *(inv)*	*tin-opener*
la lata de conservas	*tin*
la comida en lata	*tinned food*
el termo	*flask*
el anorak	*anorak*
las botas de montaña/de escalada	*mountain/climbing boots*
la navaja	*pocket knife*
el cuchillo de monte	*hunting knife*
el piolet	*ice axe*
la cuerda (de escalada)	*(climbing) rope*
el/la campista	*camper*
el montañero/la montañera	*mountaineer*
el escalador/la escaladora	*climber*
el/la excursionista	*hiker*
el/la guardabosques	*forest ranger*

duro/dura	hard
suave	mild/soft/easy
fácil	easy
difícil	difficult
diferente	different
remoto/remota	remote
intrépido	intrepid
andar	to walk
escalar	to climb
la vida al aire libre	outdoor life
ir de camping, ir de acampada	to go camping
hacer camping	to go camping
ir de marcha	to go walking
practicar el senderismo	to go hiking
montar una tienda	to pitch a tent
encender una hoguera	to light a fire
a la luz de..	by the light of...
correr una aventura	to have an adventure

Language in action

Viajes Aventura

¿Unas vacaciones diferentes...? Corre una aventura...
Si te gusta la vida al aire libre, ven a una de nuestras vacaciones y disfruta descubriendo paisajes naturales y remotos a los que no ha llegado la civilización. Nuestras vacaciones son para todos los gustos e intereses:

• Senderismo en la montaña: rutas por bosques llenos de belleza natural. Con estancia en albergues de montaña. Marchas de distintos grados de dificultad desde suaves a más duras.
• Recorre algunos de los parques naturales más bellos de Europa haciendo camping. Nosotros nos ocupamos llevar las tiendas y el equipo de camping. Descubre la magia de la naturaleza a la luz de una hoguera. Incluso si nunca has montado una tienda o no sabes encender un fuego, ir de acampada te resultará fácil.
• Escaladas: Para los realmente intrépidos, que disfrutan del ejercicio físico. Pero no hace falta que seas un escalador experimentado o que hayas hecho montañismo antes. Nuestros monitores estarán siempre cerca para supervisarte y prestarte ayuda.

Pide un folleto sobre nuestras vacaciones en: información@aventura.co.es

la montaña	*mountain*
la nieve	*snow*
la nevada	*snowfall*
la ventisca	*snowstorm/blizzard*
el alud	*avalanche*
el hielo	*ice*
la capa de nieve	*layer of snow*
el copo de nieve	*snowflake*
la bola de nieve	*snowball*
el esquí	*ski*
el esquí nórdico/de fondo	*cross-country skiing*
el esquí alpino	*downhill skiing, alpine skiing*
el salto con esquíes	*ski jumping*
el snowboard	*snowboarding*
el trineo	*sledge*
el patín de hielo	*ice skate*
la bota de esquí	*ski boot*
la bota para la nieve	*snow boot*
el traje de esquí	*ski suit*
los pantalones de esquiar	*salopettes*
el bastón de esquí	*ski stick*
las gafas de esquiar	*snow goggles*
el gorro de lana/de esquí	*woollen/ski hat*
el guante	*glove*
la estación de esquí	*ski resort*
el chalet	*chalet*
el telesquí, el remonte	*ski lift*
el telesilla	*chairlift*
el teleférico	*cable car*
la pista de esquí	*ski run*
el quitanieves	*snowplough*
la pista de patinaje	*ice-rink*
el lago helado	*frozen lake*
el esquiador/la esquiadora	*skier*
el monitor/la monitora de esquí	*ski instructor*
el patinador/la patinadora	*skater*
el/la principiante	*beginner*
nevado/nevada	*snow-covered*
helado/helada	*frozen*
blanco/blanca	*white*

frío/fría	cold
sencillo/sencilla	simple
peligroso/peligrosa	dangerous
excelente	excellent
fenomenal	great/really well
esquiar	to ski
patinar	to skate
frenar	to slow down
caer	to fall
aprender	to learn
enseñar	to teach
alojarse en	to stay in
pagar	to pay
las primeras nieves del año	the first snows of the year
nieves perpetuas	permanent snow
cubierto de nieve	covered in snow
tirarse en trineo	to go down in a sledge
dar clases a	to give lessons to
hacer un cursillo	to do a course
pasarse todo el día haciendo...	to spend the whole day doing...
hacer el ridículo	to make a fool of oneself

Language in action

- Mamá, me voy a ir a esquiar a los Alpes estas Navidades.
- Tú estás loco. Con lo caro que es. Tú vas a los Pirineos como toda la familia.
- No, mamá, no va a salir caro. Mira, me puedo ir de monitor y no sólo tengo la estancia pagada, sino que además me pagan por enseñar a principiantes.
- ¿Y tú vas a saber dar clases a principiantes?
- ¡Hombre mamá, si yo esquío fenomenal! Aunque antes tengo que hacer el cursillo de monitor, claro, pero no es muy difícil. Sólo hay que enseñarles cosas básicas, como coger los palos, frenar, caer... Además al principio los alumnos van por unas pistas muy sencillas y se pasan toda la mañana bajando la pista y subiendo otra vez con el telesilla. Y las tardes las tenemos libres para hacer lo que queramos: esquiar o hacer snowboard, que es lo que más me divierte a mí.
- ¿Y dónde vas a ir?
- Puedes elegir entre varias estaciones de esquí. Pero en los Alpes hay unas pistas excelentes y siempre hay buena nieve. Todos los monitores se alojan juntos en un chalet.

el medio ambiente	*environment*
el tiempo	*weather*
el clima	*climate*
el cielo	*sky*
el sol	*sun*
la nube	*cloud*
la lluvia	*rain*
el chubasco	*shower*
el chaparrón	*downpour*
la nieve	*snow*
el hielo	*ice*
la helada	*frost*
el granizo	*hail*
la niebla	*fog*
la neblina	*mist*
el viento	*wind*
la brisa	*breeze*
el aire	*air*
la tormenta/tempestad	*storm*
el trueno	*thunder*
el relámpago	*flash of lightning*
el calor	*heat*
el frío	*cold*
la temperatura	*temperature*
el grado	*degree*
la humedad	*humidity/dampness*
el mapa del tiempo	*weather map*
el pronóstico del tiempo	*weather forecast*
la precipitación	*shower*
el termómetro	*thermometer*
el barómetro	*barometer*
la estación	*season*
la primavera	*spring*
el verano	*summer*
el otoño	*autumn*
el invierno	*winter*
soleado/soleada	*sunny*
nublado/nublada	*cloudy*
cubierto/cubierta	*overcast*
despejado/despejada	*clear*
lluvioso/lluviosa	*rainy*
bochornoso/bochornosa	*sultry, muggy*
tormentoso/tormentosa	*stormy*

caluroso/calurosa	hot
frío/fría	cold
cálido/cálida	warm
templado/templada	warm/mild
seco/seca	dry
húmedo/húmeda	damp
variable	changeable
llover	to rain
nevar	to snow
enfriar	to get colder
refrescar	to get chillier
mejorar	to improve
empeorar	to get worse
por la mañana/la noche	in the morning/the evening
hace bueno/hace malo	the weather is good/bad
hace sol	it's sunny
hace bochorno	it's sultry, it's muggy
hace veinticinco grados	it's twenty-five degrees
hace calor/frío	it's hot/cold
hay niebla	it's foggy
está lloviendo/nevando	it's raining/snowing
está nublado	it's cloudy
va a haber una tormenta	there's going to be a storm
va a helar esta noche	there's going to be a frost tonight
¡qué día más bonito!	what a lovely day!
un tiempo triste	gloomy weather
la máxima/la mínima	maximum/minimum temperature
temperaturas bajo cero	temperatures below zero

Language in action

El tiempo durante el fin de semana.
El viernes gozaremos de buen tiempo, con sol en la mayor parte del país y sólo algunas nubes en el norte, por donde empieza a entrar una borrasca. Las temperaturas serán moderadas, alrededor de los 13 o 14 grados, superiores a la media de esta época del año, aunque por la noche refrescará considerablemente. El sábado, el tiempo será variable, con nubes y claros la mayor parte del día y algún chubasco aislado en la costa mediterránea. Las temperaturas empezarán a bajar. El domingo el tiempo empeorará considerablemente y amanecerá nublado en toda la península, con chubascos en tormentas en puntos montañosos y riesgo de precipitaciones en puntos por encima de los mil metros. La máxima será de 5 grados y de mínima se llegarán a alcanzar temperaturas bajo cero.

el terreno	*terrain*
la montaña	*mountain*
el macizo	*massif*
la cordillera	*mountain range*
la cadena montañosa/ de montañas	*mountain range*
el pico	*peak*
la cima	*top, summit*
la ladera	*hillside, mountainside*
el glaciar	*glacier*
el valle	*valley*
la meseta	*plateau*
la llanura	*plain*
el bosque	*forest*
la selva tropical	*rainforest*
el río	*river*
el afluente	*river/tributary*
el lago	*lake*
la laguna	*lake, pool*
el arroyo	*stream*
la cascada, la catarata	*waterfall*
la desembocadura	*mouth, estuary*
la ribera	*riverbank/seashore*
la ría	*tidal inlet*
el fiordo	*fiord*
el cañón	*canyon*
el mar	*sea*
el océano	*ocean*
la costa	*coast/coastline*
el acantilado	*cliff*
el golfo	*gulf*
el cabo	*cape*
el estrecho	*strait*
la bahía	*bay*
la cala	*cove*
la orilla	*shore*
el continente	*continent*
la península	*peninsula*
la isla	*island*
el archipiélago	*archipelago*
el volcán	*volcano*
el desierto	*desert*
el oasis	*oasis*

la roca	rock
el iceberg	iceberg
el norte/noroeste/noreste	north/northwest/northeast
el sur/suroeste/sureste	south/southwest/southeast
el oeste	west
el este	east
montañoso/montañosa	mountainous
rocoso/rocosa	rocky
plano/plana	flat
accidentado/accidentada	hilly/rugged
abrupto/abrupta	rough
desértico/desértica	desert (adj)
fértil	fertile
elevado/elevada, alto/alta	high
un paisaje lleno de contrastes	a landscape full of contrasts
sobre el nivel del mar	above sea level

Language in action

- Cuéntame qué tal tu viaje a Marruecos.
- Maravilloso, me ha encantado. Es un país lleno de contrastes.
- ¿Dónde has estado?
- Primero estuvimos en la costa, empezando por Tánger, muy cerca del estrecho de Gibraltar. Luego fuimos a Meknès, en el valle del río Oued Boufecrane. Luego fuimos a Marrakesh, que está al pie de la cordillera del Atlas.
- ¿Tuvisteis ocasión de visitar el Atlas?
- Sólo un poco. Es un sitio muy interesante y muy remoto. La cordillera es una barrera que separa las llanuras del norte y la parte anterior al desierto del Sáhara. Visitamos el parque nacional de Toubkal, que rodea los montes más altos del Atlas. Hicimos algunas marchas en el parque, pero era bastante cansado porque tiene mucha altitud, más de 3000 metros sobre el nivel del mar. Había bastantes montañeros que intentaban escalar el Djebel Toubkal, el pico más alto del norte de África. No es una escalada muy difícil.
- ¿Pudisteis visitar el desierto?
- No el desierto propiamente dicho pero hicimos una pequeña excursión a la parte anterior al desierto. Y fuimos también a un oasis: un rincón muy fértil en medio de un terreno totalmente desértico.

el ecosistema	*ecosystem*
el movimiento ecologista	*ecology movement*
el partido verde	*the green party*
los verdes	*the Greens*
las energías renovables	*renewable energy sources*
la energía solar/eólica	*solar/wind power*
la contaminación	*pollution*
la radioactividad	*radiation*
la central nuclear	*nuclear power station*
la central eléctrica	*power station*
los desechos tóxicos/ radiactivos	*toxic/radioactive waste*
el dióxido de carbono	*carbon dioxide*
el aerosol	*aerosol*
el CFC	*CFC*
el pesticida	*pesticide*
el mercurio	*mercury*
el reciclado	*recycling*
el contenedor de vidrio	*bottle bank*
el vertedero	*dump*
el desastre ecológico	*environmental disaster*
el escape nuclear	*radioactive leak*
la lluvia ácida	*acid rain*
la niebla tóxica	*smog*
la marea negra	*oil slick*
el incendio forestal	*forest fire*
el efecto invernadero	*greenhouse effect*
el recalentamiento del planeta	*global warming*
la desertización	*desertification*
el desastre natural	*natural disaster*
el terremoto	*earthquake*
el huracán	*hurricane*
el tornado	*tornado*
la erupción volcánica	*volcanic eruption*
la inundación	*flood, floods*
la sequía	*drought*
la hambruna	*famine*
ecológico/ecológica	*ecological*
dañino/dañina	*harmful*
tóxico/tóxica	*toxic*
contaminante	*polluting*
medioambiental	*environmental*

biodegradable	*biodegradable*
energético/energética	*energy*
contaminar	*to pollute*
descontaminar	*to decontaminate*
proteger	*to protect*
salvar	*to save*
reciclar	*to recycle*
quemar	*to burn*
destrozar	*to destroy*
devastar	*to devastate*
afectar	*to affect*
un producto que no daña el medio ambiente	*an environmentally-friendly product*
la protección del medio ambiente	*the protection of the environment*
mantener el equilibrio ecológico	*to maintain the ecological balance*
un agujero de la capa de ozono	*a hole in the ozone layer*
el vertido de productos tóxicos	*spillage of toxic products*
los productos/gases contaminantes	*polluting products/gases*
no reciclable/no retornable	*non-recyclable/non-returnable*
causar graves daños	*to cause great damage*
grandes pérdidas humanas	*many lives lost*
la ayuda internacional	*international aid*

Language in action

- ¿Qué temas medioambientales le preocupan más?
- Me preocupa mucho la destrucción de la capa de ozono. Las emisiones de CFC y de dióxido de carbono han creado agujeros en la capa de ozono y esto está creando un efecto invernadero. Las consecuencias las podemos ver ya: el nivel del mar está subiendo y el clima está cambiando. Y se cree que esto es la causa de desastres naturales como sequías e inundaciones que están sucediendo últimamente. Los daños materiales y las pérdidas humanas son enormes.
- ¿Está a favor del uso de la energía nuclear?
- No, no me gusta vivir con el riesgo de un escape nuclear. El peligro es demasiado grande. Creo que se debe invertir en fuentes de energía renovables, como la solar o la eólica.

los problemas sociales	*social issues*
el desempleo	*unemployment*
el parado/la parada	*unemployed person*
la droga	*drugs*
el drogadicto/la drogadicta	*drug addict*
el heroinómano/la heroinómana	*heroin addict*
el cocainómano/la cocainómana	*cocaine addict*
el tráfico de drogas	*drug dealing*
la gente sin hogar	*the homeless*
la pobreza	*poverty*
la mendicidad	*begging*
el mendigo/la mendiga	*beggar*
el vagabundo/la vagabunda	*vagrant, tramp*
la emigración	*emigration*
la inmigración	*immigration*
el/la inmigrante legal/ilegal	*legal/illegal immigrant*
la marginación	*marginalization*
el marginado/la marginada	*dropout*
el racismo	*racism*
el/la racista	*racist*
la víctima	*victim*
el terrorismo	*terrorism*
la organización terrorista	*terrorist organisation*
el/la terrorista	*terrorist*
la amenaza de bomba	*bomb scare*
el coche bomba	*car bomb*
el secuestro	*kidnapping/highjacking*
el/la rehén	*hostage*
los disturbios sociales	*social unrest*
la manifestación	*demonstration*
la huelga	*strike*
la violencia	*violence*
el SIDA	*AIDS*
la ocupación ilegal de una vivienda	*squatting*
el ocupante ilegal, el okupa*	*squatter*
la desigualdad social	*social inequality*
la ONG, la organización no gubernamental	*NGO, non-government organization*
el Tercer Mundo	*Third World*

132

social	*social*
ilegal	*illegal*
vulnerable	*vulnerable*
marginado/marginada	*alienated*
drogarse	*to take drugs*
secuestrar	*to kidnap*
maltratar	*to abuse*
colaborar	*to collaborate*
afectar	*to affect*
estar parado/parada	*to be unemployed*
estar sin trabajo	*to be out of work*
la reinserción social	*social rehabilitation*
el centro/programa de desintoxicación	*detox centre/programme*
los sin hogar	*the homeless*
sin domicilio fijo	*of no fixed abode*
dormir al raso	*to sleep rough*
dar una paliza a alguien	*to beat somebody up*
contagiar una enfermedad a alguien	*to pass on an illness to somebody*
reivindicar un atentado	*to claim responsibility for an attack*
poner una bomba	*to set-up a bomb*
desactivar una bomba	*to defuse a bomb*
ser solidario/solidaria	*to show solidarity*
la responsabilidad social	*social responsibility*

Language in action

Joan empezó a trabajar para una ONG hace diez años. Era una organización creada por una asociación de vecinos de su barrio. "En este barrio hay muchos problemas sociales: mucho desempleo, mucha violencia en las familias, mucha pobreza. Pero lo peor son las drogas. Al principio eran casos aislados, pero pronto casi todo el mundo tenía un familiar o un amigo que estaba afectado".

Joan y un grupo de amigos decidieron que querían hacer algo para ayudar a resolver estos problemas. Empezaron a recaudar fondos, al principio entre los vecinos, luego a organizar festivales y a pedir subvenciones de la administración. Después de años de esfuerzo y tenacidad la organización ha conseguido crear un centro que cuenta con asistentes sociales, médicos y psicólogos, y que ofrece su propio programa de desintoxicación de drogadictos.

El programa intenta encontrar empleo a los drogadictos para que sea más fácil su reinserción social. "No nos vamos a quedar aquí..."

la política	*politics*
el político/la política	*politician*
el gobierno	*government*
el presidente/la presidenta	*president*
el primer ministro/ la primera ministra	*prime minister*
el ministro/la ministra	*minister*
el parlamentario/ la parlamentaria	*member of parliament*
el senador/la senadora	*senator*
la legislatura	*term of office*
el parlamento	*parliament*
las Cortes	*Spanish parliament*
el senado	*senate*
el escaño	*seat (in parliament)*
el partido (político)	*(political) party*
la democracia	*democracy*
las elecciones	*elections*
el referéndum	*referendum*
el voto	*vote*
los votantes	*voters*
el resultado	*result*
la oposición	*opposition*
la república	*republic*
la monarquía	*monarchy*
el rey/la reina	*king/queen*
la dictadura	*dictatorship*
el dictador/la dictadora	*dictator*
el golpe de estado	*coup d'etat*
la autonomía	*autonomy, self-government*
el nacionalismo	*nationalism*
el separatismo	*separatism*
el capitalismo	*capitalism*
el comunismo	*communism*
la globalización	*globalization*
la UE	*EU*
la paz	*peace*
los derechos humanos	*human rights*
el Tercer Mundo	*Third World*
la economía de mercado	*market economy*

democrático/democrática	*democratic*
totalitario/totalitaria	*totalitarian*
autonómico/autonómica	*regional*
conservador/conservadora	*conservative*
progresista	*progressive*
liberal	*liberal*
derechista	*right-wing*
izquierdista	*left-wing*
centrista	*centrist, centre*
fascista	*fascist*
comunista	*communist*
socialista	*socialist*
nacionalista	*nationalist*
separatista	*separatist*
votar	*to vote*
elegir	*to elect*
gobernar	*to govern*
debatir	*to debate*
protestar	*to protest*
manifestarse	*to demonstrate*
dimitir	*to resign*
prometer	*to promise*
el sistema/régimen político	*political system/regime*
ser de izquierdas/de derechas	*to be left-wing/right-wing*
convocar elecciones	*to call an election*
las elecciones generales/municipales	*general/local elections*
presentarse a las elecciones	*to stand for election*
acudir a las urnas	*to go to the polls*
la campaña política	*political campaign*
el programa electoral	*election manifesto*
la propaganda política	*political propaganda*
la mayoría absoluta	*absolute majority*
formar una coalición	*to form a coalition*
un gobierno de coalición	*a coalition government*
una derrota aplastante	*a crushing defeat*
la clase alta/media/baja	*upper/middle/lower class*
la clase obrera	*working class*
las subvenciones agrarias	*farm subsidies*
los países en vías de desarrollo	*developing countries*

el crimen	crime
la delincuencia	crime/delinquency
el robo	robbery/burglary
el atraco	hold-up/mugging
el/la delincuente	delinquent
el ladrón/la ladrona	bank robber/burglar
el atracador/la atracadora	bank robber/mugger
el asesinato	murder
el asesino/la asesina	murderer
el abuso a menores	child abuse
el abuso sexual	sexual abuse
la agresión	aggression/attack/assault
el agresor/la agresora	attacker
el chantaje	blackmail
el/la chantajista	blackmailer
la policía	police
el/la agente de policía	police officer
la comisaría de policía	police station
la detención	detention
el detenido/la detenida	detainee
la acusación	prosecution
el acusado/la acusada	accused, defendant
la orden judicial	warrant
los antecedentes penales	criminal record
el tribunal	tribunal
el abogado defensor/criminalista	defence/criminal lawyer
el fiscal	public prosecutor
el juez	judge
el jurado	jury
el juicio	trial
la prueba	proof
el/la testigo	witness
la sentencia	sentence
el fallo	ruling
la pena capital	capital punishment
la pena de muerte	death penalty
la cadena perpetua	life sentence
la multa	fine
la fianza	bail
la libertad condicional	probation
la cárcel	jail
la celda	cell

el prisionero/la prisionera	prisoner
el/la reincidente	reoffender
criminal	criminal
inocente	innocent
presunto/presunta	alleged/presumed
reincidente	reoffending
robar	to steal/rob
atracar	to hold-up/mug
atacar	assault
abusar	to abuse
maltratar	to abuse/batter
chantajear	to blackmail
acusar	to accuse
juzgar	to try/judge
recurrir, apelar	to appeal
alegar	to allege (in defence)
encarcelar	to send to jail
liberar	to free
resistirse	to resist
la lucha contra el crimen	the fight against crime
cometer un crimen	to commit murder/a crime
robo a mano armada	armed robbery
llevar a alguien a juicio	to take someone to court
presentar pruebas	to provide evidence
ganar/perder un caso	to win/lose a case
dictar sentencia	to pass sentence
condenar a alguien a cinco años de cárcel	to sentence someone to five years' imprisonment
ser condenado a...	to be sentenced to...

Language in action

Un hombre que asesinó a su mujer queda libre

El pasado día 7 de mayo se celebró el juicio contra Pedro L. Díaz Luengo, acusado de dar muerte a su mujer de una paliza. Numerosos testigos declararon que Pedro L. Díaz era un hombre extremadamente violento que sometía a su mujer a malos tratos constantes. Durante el juicio, el fiscal solicitó diez años de cárcel, pero el abogado defensor alegó que el detenido no contaba con antecedentes penales y que actuó "bajo los efectos de una grave depresión", por lo que el juez decidió absolver al homicida. El fallo ha causado una enorme polémica, especialmente entre asociaciones feministas. Una de sus miembros ha declarado: "Éste no es un caso aislado. La justicia a menudo se resiste a dictar sentencias justas contra los agresores de mujeres". La familia de la víctima está dispuesta a recurrir.

Quick Reference

Numbers

uno	*one*
dos	*two*
tres	*three*
cuatro	*four*
cinco	*five*
seis	*six*
siete	*seven*
ocho	*eight*
nueve	*nine*
diez	*ten*
once	*eleven*
doce	*twelve*
trece	*thirteen*
catorce	*fourteen*
quince	*fifteen*
dieciséis	*sixteen*
diecisiete	*seventeen*
dieciocho	*eighteen*
diecinueve	*nineteen*
veinte	*twenty*
veintiuno	*twenty-one*
veintidós	*twenty-two*
veintitrés	*twenty-three*
veinticuatro	*twenty-four*
veinticinco	*twenty-five*
veintiséis	*twenty-six*
veintisiete	*twenty-seven*
veintiocho	*twenty-eight*
veintinueve	*twenty-nine*
treinta	*thirty*
treinta y uno	*thirty-one*
treinta y dos	*thirty-two*
cuarenta	*forty*
cuarenta y uno	*forty-one*
cuarenta y dos	*forty-two*
cincuenta	*fifty*
sesenta	*sixty*
setenta	*seventy*
ochenta	*eighty*
noventa	*ninety*

cien	*one hundred*
mil	*one thousand*
un millón	*one million*
primero/primera	*first*
segundo/segunda	*second*
tercero/tercera	*third*
cuarto/cuarta	*fourth*
quinto/quinta	*fifth*
sexto/sexta	*sixth*
séptimo/séptima	*seventh*
octavo/octava	*eighth*
noveno/novena	*ninth*
décimo/décima	*tenth*
undécimo/undécima, decimoprimero/ decimoprimera	*eleventh*
duodécimo/duodécima, decimosegundo/ decimosegunda	*twelfth*
decimotercero/ decimotercera	*thirteenth*
decimocuarto/ decimocuarta	*fourteenth*
decimoquinto/ decimoquinta	*fifteenth*
decimosexto/ decimosexta	*sixteenth*
decimoséptimo/ decimoséptima	*seventeenth*
decimoctavo/ decimoctava	*eighteenth*
decimonoveno/ decimonovena	*nineteenth*
vigésimo/vigésima	*twentieth*
vigésimoprimero/ vigésimoprimera	*twenty-first*
mil doscientas treinta y siete	*one thousand two hundred and thirty-seven*
dos millones setecientas mil pesetas	*two million seven hundred thousand pesetas*
el primero de mayo	*the first of May*
el seis de enero	*the sixth of January*
el veintiocho de octubre	*the twenty-eighth of October*
el tercero de la lista	*the third on the list*

Dates, days, months, seasons

el día	*day*
la fecha	*date*
el mes	*month*
enero	*January*
febrero	*February*
marzo	*March*
abril	*April*
mayo	*May*
junio	*June*
julio	*July*
agosto	*August*
septiembre	*September*
octubre	*October*
noviembre	*November*
diciembre	*December*
la semana	*week*
quince días, dos semanas	*a fortnight*
el lunes	*Monday*
el martes	*Tuesday*
el miércoles	*Wednesday*
el jueves	*Thursday*
el viernes	*Friday*
el sábado	*Saturday*
el domingo	*Sunday*
el fin de semana	*weekend*
el día de fiesta	*public holiday*
la estación	*season*
la primavera	*spring*
el verano	*summer*
el otoño	*autumn*
el invierno	*winter*
el año	*year*
el año bisiesto	*leap year*
el siglo	*century*
el milenio	*millennium*

¿a qué fecha estamos?, ¿a qué día estamos?, ¿a cuántos estamos?	*what's the date?*
estamos a primero de julio	*it's the first of July*
¿qué día es hoy?	*what's the date today?*

hoy es (el) cinco de mayo	today is the fifth of May
¿qué fecha es mañana?	what's the date tomorrow?
mañana es (el) doce de abril	tomorrow is the twelfth of April
la cita es el ocho de septiembre	the appointment is on September the eighth
en octubre vamos a Madrid	we're going to Madrid in October
el pasado/próximo agosto	last/next August
este marzo	this March
a principios de febrero	at the beginning of February
a finales de agosto	at the end of August
antes de finales de julio	before the end of July
a mediados de septiembre	in mid-September
en enero del año pasado	in January last year
en noviembre del próximo año	in November next year
una mañana de mayo	a May morning
las rebajas de enero	the January sales
hace frío para junio	it's cold for June
pronto estaremos en julio	it will soon be July
¿qué día es hoy?	what day is it today?
es jueves	it's Thursday
¿qué día llega?	which day is she arriving?
cada día/todos los días	every day
un día sí y otro no	every other day
cada dos/tres días	every second/third day
tengo que terminarlo para el jueves	I have to finish it by Thursday
el lunes es fiesta/es día de fiesta	Monday is a public holiday
en primavera/verano	in spring/summer
el verano pasado/el próximo verano	last/next summer
este invierno	this winter
a principios de la/a finales de primavera	in early/late spring
hasta el otoño	until the autumn
estaremos todo el verano en Barcelona	we're going to Barcelona for the whole summer
una tarde de primavera	a spring evening

Quick Reference

tiempo de verano	*summer weather*
ropa de verano/invierno	*summer/winter clothes*
el año pasado/el próximo año	*next year/last year*
cada año/todos los años	*every year*
el año anterior a éste	*the year before last*
el año después de éste	*the year after next*
nos conocimos en 1994	*we met in 1994*
un contrato de tres años	*a three-year contract*

Colours

el blanco	*white*
el negro	*black*
el gris	*grey*
el amarillo	*yellow*
el naranja	*orange*
el rojo	*red*
el rojo bermellón	*vermilion*
el rojo cereza	*cherry red*
el granate	*maroon*
el morado	*purple*
el púrpura	*purple*
el violeta	*violet*
el azul	*blue*
el azul añil	*indigo blue*
el azul celeste	*sky blue*
el azul marino	*navy blue*
el azul turquesa	*turquoise*
el verde	*green*
el verde esmeralda	*emerald green*
el crema	*cream*
el beige	*beige*
el marrón	*brown*
el salmón	*salmon*
el oro	*gold*
el plata	*silver*
blanco/blanca	*white*
gris	*grey*
negro/negra	*black*
amarillo/amarilla	*yellow*
naranja	*orange*
anaranjado/anaranjada	*orangey*
rojo/roja	*red*

Quick Reference

rojizo/rojiza	*reddish*
granate	*maroon*
morado/morada	*purple*
púrpura	*purple*
violeta	*violet*
azul	*blue*
azulado/azulada	*bluish*
verde	*green*
verdoso/verdosa	*greenish*
crema	*cream*
beige	*beige*
salmón, de color salmón	*salmon*
dorado/dorada	*golden*
plateado/plateada	*silver*
claro/clara	*light*
oscuro/oscura	*dark*
vivo/viva	*bright*
metálico/metálica	*metallic*

¿de qué color es...?	*what colour is...?*
los colores del arco iris	*the colours of the rainbow*
el azul claro	*light blue*
el verde oscuro	*dark green*
el rojo vivo	*bright red*
el azul verdoso	*greenish blue*
el rojo anaranjado	*orangey red*
el verde amarillento	*yellowy green*
el gris metálico	*metallic grey*
blanco/blanca como la nieve	*white as snow*
negro/negra como el carbón	*as black as coal*
me pone negro/negra	*he/she/it drives me up the wall*
ponerse rojo/roja como un tomate	*to go as red as a beetroot*
la cosa está al rojo vivo	*the situation is at boiling point*
estar verde	*to be inexperienced*
poner verde a alguien	*to slag somebody off*
ponerse morado/morada	*to stuff oneself with food*
pasarlas moradas	*to have a hard time*

Materials

el material	*material*
el metal	*metal*
el hierro	*iron*
el acero	*steel*
el cobre	*copper*
el bronce	*bronze*
el plomo	*lead*
el aluminio	*aluminium*
el estaño	*tin*
el oro	*gold*
la plata	*silver*
el mercurio	*mercury*
el carbón	*coal*
la piedra	*stone*
el mármol	*marble*
el granito	*granite*
el cemento	*cement*
el hormigón	*concrete*
el yeso	*plaster*
la arcilla	*clay*
la porcelana	*china, porcelain*
el barro cocido	*earthenware*
el plástico	*plastic*
el corcho	*cork*
la goma	*rubber*
la goma espuma	*foam rubber*
el pegamento	*glue*
el papel	*paper*
el cartón	*cardboard*
el cristal, el vidrio	*glass*
la madera	*wood*
la paja	*straw*
el mimbre	*wicker*
el algodón	*cotton*
el lino, el hilo	*linen*
la lana	*wool*
la seda	*silk*
la fibra acrílica	*acrylic fibre*
el nilón	*nylon*
la licra™	*Lycra™*
el Tergal™	*Terylene™*
la pana	*corduroy*

el raso	*satin*
el rayón	*rayon*
el terciopelo	*velvet*
la tela	*cloth, material*
el cuero, la piel	*leather*
el ante	*suede*
el charol	*patent leather*
el hueso	*bone*
el nácar	*mother-of-pearl*
resistente	*resistant*
duradero/duradera	*hardwearing, durable*
frágil	*fragile*
quebradizo/quebradiza	*easily broken*
duro/dura	*hard*
blando/blanda	*soft*
moldeable	*malleable*
suave	*soft*
áspero/áspera	*rough*
ligero/ligera	*light*
pesado/pesada	*heavy*
fabricar	*to manufacture, produce*
producir	*to produce*
es de madera	*it's made of wood*
es de plástico	*it's plastic*
una caja de cartón	*a cardboard box*
unos guantes de piel	*leather gloves*
de punto	*knitted*
una chaqueta de punto	*a knitted cardigan*
artículos de punto	*knitware*

Weights, measures, sizes

el peso	*weight*
el kilo	*kilo*
el gramo	*gram*
el medio kilo	*half kilo*
el cuarto de kilo	*quarter (of a) kilo*
el litro	*litre*
el medio litro	*half a litre*
el decilitro	*decilitre*
el centilitro	*centilitre*
el mililitro	*millilitre*
el kilómetro	*kilometre*

Quick Reference

el metro	*metre*
el centímetro	*centimetre*
el milímetro	*millimetre*
el metro cuadrado/cúbico	*square/cubic metre*
la hectárea	*hectare*
el acre	*acre*
la docena	*dozen*
la media docena	*half a dozen*
el par	*pair*
la talla grande	*large size*
la talla mediana	*medium size*
la talla pequeña	*small size*
el trozo	*piece*
la porción	*portion*
la rodaja	*slice*
la rebanada	*slice* (of bread)
el puñado	*handful*
el montón	*pile*
medir	*to measure*
pesar	*to weigh (out)*
contar	*to count*
medio kilo de fresas	*half a kilo of strawberries*
trescientos gramos de aceitunas	*three hundred grams of olives*
pesa tres kilos y medio	*it weighs three and a half kilos*
un metro de tela	*a metre of material*
está a doscientos kilómetros de aquí	*it's two hundred kilometres from here*
mide quince centímetros de largo	*it's fifteen centimetres long*
un par de guantes	*a pair of gloves*
una camiseta de talla mediana	*a medium-size T-shirt*
un montón de libros	*a pile of books*
un montón de gente	*lots of people*
un poco de pan/de leche	*a bit of bread/milk*

Useful Verbs

abrir	to open	atender	to pay attention/ attend to
abrocharse	to do up/fasten		
aburrirse	to get bored	atracar	to hold up/mug
acabar	to finish/be over/end	atraer	to attract
		atrasar	to put back/ postpone/lose time (watch, clock)
acabar de hacer	to have just done		
acabarse	to be over/run out		
		atreverse	to dare
acordarse	to remember	aumentar	to increase/raise
acostarse	to go to bed	ayudar	to help
acostumbrarse a	to get used to	bajar	to go/come/ bring/take down/lower
adelantar	to bring forward/put forward/ overtake		
		bajarse de	to get off/out of
agarrar	to grab	bañarse	to have a bath
agarrarse a	to hold on to	bastar	to be enough
alegrarse	to be happy	beber	to drink
alojarse	to stay (in hotel, etc.)	besar	to kiss
		borrar	to rub out, erase
alquilar	to rent/let/hire	bromear	to joke
amar	to love	buscar	to look for/fetch
andar	to walk	caber	to fit in
aparcar	to park	caber por	to fit through
apetecer: me apetece, te apetece, etc.	I feel like it, you feel like it, etc.	caerse	to fall/fall over
		calentar(se)	to heat (up)
		callar	to be quiet
apoyar	to support/lean	calmar(se)	to calm down
aprender	to learn	cambiar	to change/ exchange
aprobar	to approve/pass		
arrancar	to tear out/off/ pull off	cambiarse	to get changed
		cansarse	to get tired
arreglar	to fix/mend/tidy	cargar	to load
arreglarse	to get ready	casarse	to get married
arrepentirse (de algo)	to regret (something)	castigar	to punish
		celebrar	to celebrate
arriesgar	to risk	cenar	to have dinner, have supper
asar	to roast/bake		
ascender	to promote/be promoted/rise	cepillar(se)	to brush
		cerrar	to close/lock
asesinar	to murder	cerrarse	to close
asombrar	to amaze	chocar	to crash
asombrarse	to be amazed	chocar: chocar con	to run into
asustar	to frighten		
asustarse	to get frightened	cobrar	to be paid/ charge
		cocer	to boil/simmer
atacar	to attack	cocinar	to cook

Quick Reference

coger	to take/get/catch/pick (up)	decir: querer decir	to mean
cogerse: cogerse de	to hold on to	dejar	to leave/let/lend
		dejar de	to stop
colgar	to hang (up/out)	dejar(se)	to leave
colocar	to put/arrange	depender	to depend
colocar: colocar a alguien	to give someone a job	desabrochar	to undo
		desaparecer	to disappear
comer	to eat/have lunch	desayunar	to have breakfast
compartir	to share	descansar	to rest
comprar	to buy	desear	to wish
comprender	to understand	despedir	to dismiss/say goodbye
conducir	to drive		
confundirse	to get mixed up	despertar(se)	to wake up
congelar(se)	to freeze	desvestirse	to get undressed
conocer	to know	devolver	to take/bring/give back
conseguir	to achieve/obtain/get		
		discutir	to argue/discuss
construir	to build	disfrutar	to enjoy oneself
contar	to count/tell, relate	divertirse	to have fun
		doler	to hurt
contestar	to answer/reply	dormir	to sleep
correr	to run	dormirse	to fall asleep
cortar	to cut/chop	durar	to last
cortarse	to cut oneself	echar	to put/throw
costar	to cost/be hard, difficult	elegir	to choose
		empeorar	to get worse
crear	to create	empezar	to begin, start
creer	to think/believe	enamorarse	to fall in love
cruzar	to cross	encantar: me encanta, te encanta, etc.	I love, you love, etc.
cruzarse	to intersect/pass each other		
		encender	to light/turn on
cubrir(se)	to cover (oneself)	encontrar	to find
		encontrarse	to meet/be (located)
cuidar	to look after		
culpar	to blame	enfadarse	to get angry
curar	to cure	enseñar	to teach
curarse	to get better/recover/heal	entender	to understand
		entrar	to get/go/come in
dar	to give		
darse	to have (bath, shower)	equivocarse	to make a mistake/be wrong
deber	to owe/have to	escoger	to choose
decidir	to decide	escribir	to write
decidirse	to make up one's mind	escuchar	to listen (to)
		esperar	to hope/wait (for)
decir	to say/tell	estar	to be

Quick Reference

estropear	to break/damage
estropearse	to break (down)
estudiar	to study
evitar	to avoid
explicar	to explain
faltar	to be missing
fijarse: fijarse en	to look at/notice
firmar	to sign
formar	to form
frenar	to brake/slow down
funcionar	to work
ganar	to win/earn
gastar	to spend
girar	to turn/go round
golpear	to hit/bang
gritar	to shout
guardar	to keep/put away
guiar	to guide
gustar: me gusta(n), te gusta(n), etc.	I like, you like, etc.
haber	have (as auxiliary)
haber: hay	there is/there are
hablar	to speak/talk
hacer	to make/build/do
hallar	to find
hallarse	to be (situated)
herir	to wound/hurt
hervir	to boil
huir: huir de	to escape from
ignorar	to ignore
imaginar(se)	to imagine
importar	to matter
informar	to inform
informarse	to find out
intentar	to try
interesar	to interest
interesarse por	to take an interest in
invitar	to invite
ir	to go
irse	to go/leave
jubilarse	to retire
jugar	to play
juntar	to put together/join
juntarse	to get together/join
juzgar	to judge
lanzar	to throw
lavar(se)	to wash (oneself)
levantar	to lift/pick up/raise
levantarse	to get up
limpiar	to clean
llamar	to call/phone
llamarse	to be called
llegar	to arrive
llenar	to fill (up/in)
llevar	to take/wear/carry
llevarse	to take (away)
llover	to rain
lograr	to achieve
lograr hacer	to manage to do
luchar	to fight/struggle
mandar	to order/send
mantener(se)	to keep
marcharse	to leave
medir	to measure
mejorar	to improve
meter	to put in
meterse	to get into
mirar	to look (at)/watch
molestar	to disturb/bother
molestarse	to get upset/to bother (to do)
montar	to get on/get in/put up
morder	to bite
morir	to die
mover	to move
nacer	to be born
necesitar	to need
negar	to deny
negarse	to refuse
obedecer	to obey
obrar	to act
observar	to observe
ocurrir	to happen
ofrecer	to offer

Quick Reference

oír	to hear/listen to
olvidar(se)	to forget
opinar	to think
oponerse	to oppose
ordenar	to order/tidy
parar(se)	to stop
parecer	to seem/look (like)
parecer: me parece, te parece, etc.	I think, you think, etc.
parecerse	to be alike
parecerse a	to look like
partir	to cut/break/leave
pasar	to pass
pasear	to go for a walk
pedir	to ask for
pegar	to hit/stick/glue
pelear(se)	to fight/quarrel
pensar	to think
perder	to lose/miss
perderse	to get lost
perdonar	to forgive
permitir	to allow
pesar	to weigh/be heavy
poder	to be able to/may/might
poner	to put/put on
ponerse	to put on/become
preferir	to prefer
preguntar	to ask
preocupar(se)	to worry
preparar	to prepare
presentar	to introduce
prestar	to lend
probar	to try/taste/test
prohibir	to prohibit
prometer	to promise
proponer	to suggest/propose
quedar	to be left/to arrange to meet
quedarse	to stay
quejarse	to complain
quemar	to burn/be very hot
querer	to want/love
quitar	to take off/take away/remove
rebajar	to bring down/reduce
recibir	to receive, get
recoger	to pick up/tidy up/clear
recordar	to remember/remind
recuperar(se)	to recover
regalar	to give (as present)
reír	to laugh
reírse de	to laugh about/at
repartir	to deliver/hand out
repetir	to repeat
resbalar	to slip
retrasarse	to be late/fall behind
reunir	to gather
reunirse	to meet
robar	to steal/rob/burgle
romper(se)	to break
saber	to know/know how to
sacar	to take out/get
salir	to go out/come out/leave
salvar	to save
secar	to dry
seguir	to follow/carry on
sentarse	to sit down
sentir(se)	to feel
ser	to be
servir	to serve
servirse	to help yourself
sobrar	to be spare/left over
soler: suelo, sueles, etc.	I usually, you usually, etc.
soler: solío, solías, etc.	I used to, you used to, etc.
soltar	to let go of
sonar	to sound/go off/ring

Quick Reference

subir	*to go/come/ bring/take up/ raise*	tropezar(se)	*to trip*
		tumbarse	*to lie down*
subir(se) a	*to get on/into/ in*	tutear	*to address someone using the familiar form 'tú' rather than the more formal 'usted'*
suceder	*to happen*		
sufrir	*to suffer*		
suspender	*to fail*		
tardar	*to take* (time)		
telefonear	*to telephone*		
temer	*to fear*	unir(se)	*to join (together)*
tender	*to hang out* (washing)		
		usar	*to use*
tender a	*to tend to*	utilizar	*to use*
tener	*to have*	valer	*to cost/be worth/be valid*
terminar	*to finish*		
terminarse	*to be over*	valorar	*to value*
tirar	*to throw* (away)	vencer	*to defeat*
tocar	*to touch/play/ ring*	vender	*to sell*
		venir	*to come*
tomar	*to take/have*	ver	*to see/watch*
tomarse	*to have* (meal, drink)	vestirse	*to get dressed*
		viajar	*to travel*
torcer	*to turn/twist*	visitar	*to visit*
trabajar	*to work*	vivir	*to live*
traer	*to bring*	volar	*to fly*
transportar	*to transport*	volver	*to turn/to come/go/get back*
tratar	*to treat*		
tratar: tratar de algo	*to be about something*		
		volverse	*to turn round*
tratar: tratar de hacer	*to try to do*	votar	*to vote*

Useful Adjectives

abierto/abierta	*open*	alegre	*happy/cheerful/ bright*
aburrido/ aburrida	*boring/bored*		
		algún/alguna	*some/any*
acostumbrad/ acostumbrada (a)	*used (to)*	alguno/alguna	*one*
		algunos/algunas	*some/any*
		alto/alta	*tall/high/loud*
agotado/ agotada	*worn out, exhausted*	alucinante*	*amazing*
		amable	*kind*
agotador/ agotadora	*exhausting*	amargo/amarga	*bitter*
		ancho/ancha	*wide/loose- fitting*
agradable	*nice*		
agradecido/ agradecida	*grateful*	anciano/anciana	*old*
		antipático/ antipática	*unpleasant* (per- son)
agrio/agria	*sour*		
agudo/aguda	*high-pitched/ acute*	apagado/ apagada	*off*

Quick Reference

aproximado/ aproximada	approximate	completo/ completa	complete/full
aquel/aquella	that	complicado/ complicada	complicated
aquellos/aquellas	those	común	common
asombroso/ asombrosa	amazing	confuso/confusa	confused/ confusing
atractivo/ atractiva	attractive	congelado/ congelada	frozen
atrasado/ atrasada	slow/backward/ old-fashioned/ behind	conocido/ conocida	well-known/ familiar
atrayente	appealing	conservador/ conservadora	conservative
avergonzado/ avergonzada	embarrassed/ ashamed	contento/ contenta	happy/pleased
bajo/baja	short/low	continuo/ continua	constant
barato/barata	cheap	contrario/ contraria	opposite
bastante	enough/quite a lot of	correcto/correcta	correct/polite
blando/blanda	soft/tender	corto/corta	short
bonito/bonita	pretty/nice	crudo/cruda	raw
breve	brief	cruel	cruel
bronceado/ bronceada	suntanned	cualquier	any
buen	good/nice	cualquiera (pl: cualesquiera)	any
bueno/buena	good/nice	cuánto/cuánta	how much?/ how many?
cada	each/every		
caliente	hot/warm	cuidadoso/ cuidadosa	careful
callado/callada	quiet		
caluroso/ calurosa	hot	débil	weak
calvo/calva	bald	delgado/delgada	thin
capaz	capable/able	delicado/ delicada	delicate/ sensitive/ fragile
cariñoso/ cariñosa	affectionate, loving		
caro/cara	expensive	delicioso/ deliciosa	delicious
casado/casada	married		
castaño/castaña	chestnut brown	demás: los/las demás	the rest of
célebre	famous		
celoso/celosa	jealous	demasiado/ demasiada	too much/too many
central	central		
céntrico/céntrica	central	derecho/derecha	right/straight
ceñido/ceñida	tight	desagradable	unpleasant
cercano/cercana	nearby/near	descalzo/ descalza	barefoot
cerrado/cerrada	closed		
cierto/cierta	true/certain	desconocido/ desconocida	unknown
claro/clara	light/bright/ clear		
colorado/ colorada	red	descuidado/ descuidada	careless/ neglected
cómico/cómica	funny	desgraciado/ desgraciada	unhappy
cómodo/cómoda	comfortable	desigual	uneven/unequal

Quick Reference

desnudo/desnuda	naked/bare
despierto/despierta	awake
despistado/despistada	absent-minded
diferente	different
difícil	difficult
distinto/distinta	different
divertido/divertida	funny
dormido/dormida	asleep
duro/dura	hard/tough
emocionante	moving/exciting
encantado/encantada	delighted/enchanted
encendido/encendida	on (lamp, etc.)
enfadado/enfadada	angry/annoyed
enorme	huge
entero/entera	whole
equivocado/equivocada	wrong
ese/esa	that
esos/esas	those
especial	special
este/esta	this
estos/estas	these
estrecho/estrecha	narrow/tight
estupendo/estupenda	great
estúpido/estúpida	stupid
exacto/exacta	exact/accurate
excelente	excellent
externo/externa	outward/external
extranjero/extranjera	foreign
extraño/extraña	strange
fácil	easy
falso/falsa	false/fake
famoso/famosa	famous
fantástico/fantástica	fantastic
fatal	awful/fatal
favorito/favorita	favourite
feliz	happy
fenomenal	great
feo/fea	ugly
fiel	faithful/loyal/accurate
fijo/fija	fixed
fino/fina	fine/thin/slender/refined/acute
firme	steady/firm
flaco/flaca	thin
flojo/floja	loose/slack/weak/poor
frágil	fragile
frecuente	frequent
fresco/fresca	cool/chilly/fresh
frío/fría	cold
frito/frita	fried
fuerte	strong/loud/hard
furioso/furiosa	furious
generoso/generosa	generous
genial	brilliant/great
gordo/gorda	fat/thick
gracioso/graciosa	funny
gran	big/great
grande	big/great/grown-up
grasiento/grasienta	greasy
gratis	free
grave	serious
grosero/grosera	rude
grueso/gruesa	fat/thick
guapo/guapa	good-looking
hábil	skillful/clever
harto/harta	fed up
helado/helada	frozen/freezing
hermoso/hermosa	beautiful
hondo/honda	deep
honrado/honrada	honest
horrible	horrible
horroroso/horrorosa	horrific/awful
húmedo/húmeda	damp/wet/moist
ideal	ideal
idéntico/idéntica	identical
ignorante	ignorant
igual	same

Quick Reference

ilegal	illegal
impar	odd
importante	important/considerable
imposible	impossible
impresionante	impressive
incapaz	incapable/unable
inclusive	inclusive
incómodo/incómoda	uncomfortable
increíble	incredible
inevitable	unavoidable
infeliz	unhappy
infiel	unfaithful
injusto/injusta	unfair
inmenso/inmensa	immense/huge
inocente	innocent/naive
insoportable	unbearable
inteligente	clever, intelligent
interesante	interesting
inútil	useless
izquierdo/izquierda	left
junto/junta	together
justo/justa	fair/exact/just enough/tight
juvenil	youthful/young/junior
largo/larga	long
lento/lenta	slow
libre	free
ligero/ligera	light/slight
limpio/limpia	clean/fair
lindo/linda	lovely
liso/lisa	smooth/straight
listo/lista	clever/ready
llano/llana	flat
lleno/llena	full/covered
loco/loca	mad, crazy
lujoso/lujosa	luxurious
mágico/mágica	magical
mal	bad/wrong/ill
malo/mala	bad/naughty/nasty/ill/in bad condition
más	more/most/else
más...que...	more...than

mayor	greater/greatest/bigger/biggest/older/oldest/higher/highest
mayor: la mayor parte de	most of
mediano/mediana	medium
medio/media	half/average/half
mejor	better/best
menor	younger/youngest/smaller/smallest/little/less/minor
menos	less/least/fewer/fewest
menos... que...	less...than.../fewer...than...
mi	my
mío/mía	mine
mismo/misma	same/very
mismo/misma: yo mismo, tú mismo, él mismo...	myself, yourself, himself...
moderno/moderna	modern
modesto/modesta	modest/humble
mojado/mojada	wet
moreno/morena	dark/tanned
mucho/mucha	a lot of/much
muchos/muchas	a lot of/many
ningún/ninguna	any
ningún/ninguna: en ningún momento/ninguna parte	never/nowhere
ninguno/ninguna	any
normal	normal
nuevo/nueva	new
obscuro/obscura	dark
opuesto/opuesta	opposite/conflicting
ordenado/ordenada	tidy

Quick Reference

orgulloso/orgullosa	proud
oscuro/oscura	dark
otro/otra	another/other
otra cosa	something else
otra vez	again
pasado/pasada	last/past
peligroso/peligrosa	dangerous
peor	worse/worst
pequeño/pequeña	small/slight/young
perdedor/perdedora	losing
perezoso/perezosa	lazy
perfecto/perfecta	perfect
pesado/pesada	heavy/boring
plano/plana	flat
poco/poca	little/few
poderoso/poderosa	powerful
posible	possible
precioso/preciosa	beautiful/precious
primer/primero/primera	first
principal	main
profundo/profunda	deep
prohibido/prohibida	forbidden
propio/propia	own
próximo/próxima	next
prudente	sensible
puro/pura	pure/simple
qué	which?/what?
quemado/quemada	burnt
querido/querida	dear
quieto/quieta	still
rápido/rápida	quick/fast/rapid
raro/rara	strange/rare
reciente	recent
recto/recta	straight/honest
redondo/redonda	round
regular	regular/poor/medium
repugnante	disgusting
reservado/reservada	reserved
retrasado/retrasada	slow/late
rico/rica	rich/nice
ridículo/ridícula	ridiculous
ronco/ronca	hoarse
roto/rota	broken/torn/worn out
rubio/rubia	blond
ruidoso/ruidosa	noisy
sabio/sabia	wise
sano/sana	healthy
satisfecho/satisfecha	satisfied/happy
seco/seca	dried
secreto/secreta	secret
seguido/seguida	in a row/one after the other
seguido/seguida de	followed by
seguro/segura	safe/sure/definite/reliable
semejante (a)	similar (to)
sencillo/sencilla	simple/modest
sensato/sensata	sensible
sensible	sensitive/noticeable
separado/separada	separated
separado: por separado	separately
serio/seria	serious/reliable/reputable
silencioso/silenciosa	quiet
similar (a)	similar (to)
simpático/simpática	friendly, nice
simple	simple/mere
soleado/soleada	sunny
sólido/sólida	solid
solitario/solitaria	lonely
solo/sola	alone/lonely/on one's own
soltero/soltera	single
sordo/sorda	deaf
sorprendente	surprising
sorprendido/sorprendida	surprised

Quick Reference

suave	soft/smooth/gentle/mild	torpe	clumsy/awkward
sucio/sucia	dirty	tranquilo/tranquila	quiet/relaxed/calm/clear
súper	super	trasero/trasera	back/rear
superior	superior/top/upper/higher	triste	sad/gloomy
tal	such	tu	your
tanto/tanta	so much	turístico/turística	tourist
tanto/tanta...como	as much... as	tuyo/tuya	yours
tantos/tantas	so many	último/última	last/latest/top
tantos/tantas...como	as many...as	único/única	unique/only
templado/templada	mild/warm/lukewarm	unido/unida	joined/united/close
temprano/temprana	early	urgente	urgent/express
terminado/terminada	finished	usado/usada	used
terrible	terrible	vacío/vacía	empty
tibio/tibia	lukewarm	valiente	brave
tierno/tierna	tender/affectionate	valioso/valiosa	valuable
tímido/tímida	shy	variado/variada	varied
típico/típica	typical	varios/varias	several
todo/toda	all/whole	vencedor/vencedora	winning
todos/todas	all/every	verdadero/verdadera	real/true
tonto/tonta	silly	violento/violenta	violent/embarrassing/embarrassed
torcido/torcida	twisted/crooked/bent	vuestro/vuestra	your

Useful adverbs, prepositions, etc.

a	to/at/on	alguien	someone/anyone
abajo	down/downstairs	alguno/alguna	some/any/one
abajo: el/la de abajo	the bottom one	algunos/algunas	some
acerca de	about	allá	there
adelante	forward	allí	there
además	besides	ambos/ambas	both
además de	apart from	anoche	last night
adentro	inside/in	ante	before
adonde	where	ante todo	above all
adónde	where?	anteanoche	the night before last
afuera	outside/out	anteayer	the day before yesterday
ahí	there		
ahora	now/nowadays	anterior	previous
al	to/when	antes	before/earlier
algo	something/anything	antes de	before
		antiguamente	in the old days
algo de	some/any	aparte	aside

Quick Reference

aparte de	*apart from*	demasiados/	*too many*
apenas	*hardly/hardly ever*	demasiadas	
		dentro	*inside*
aproximadamente	*approximately*	deprisa	*fast, quickly*
aquél/aquélla	*that*	desde	*since/from*
aquéllos/aquéllas	*those*	despacio	*slowly*
aquello	*that*	después, después de	*afterwards/later*
aquí	*here*		
arriba	*up/upstairs*	detrás, detrás de	*behind*
arriba: el de arriba	*the top one*	donde	*where*
así	*like this/that*	dónde	*where?*
atrás	*back/at the back*	durante	*during/for*
aun	*even*	e	*and*
aún	*still/yet/even*	el	*the*
aunque	*although*	él	*he/him*
ayer	*yesterday*	él mismo	*himself*
brevemente	*briefly*	ella	*she/her*
casi	*almost/hardly*	ella misma	*herself*
cerca	*near, close*	ellas	*they/them*
cerca de	*near, close to*	ellas mismas	*themselves*
claro	*clearly/of course*	ello	*it*
como	*like/as/such as/ since/if*	ellos	*they/them*
		ellos mismos	*themselves*
cómo	*how?/ what's...like?*	en	*in/into*
		encima	*on*
con	*with/to*	encima de	*on top of*
conmigo	*with me/to me*	enfrente	*opposite*
consigo	*with him/her/ them/you/ to him/her*	enseguida	*right away*
		entonces	*then/so*
		entre	*between/among/ by*
contigo	*with you/to you*		
contra	*against*	entre tanto	*in the meantime*
cual: el cual/la cual/los cuales/ las cuales	*who/whom/ which*	ése/ésa	*that one*
		eso	*that*
		ésos/ésas	*those ones*
cuál	*which?/what?*	éste/ésta	*this one*
cualquiera (*pl:* cualesquiera)	*anyone/either/ whichever*	esto	*this*
		éstos/éstas	*these ones*
cuando	*when*	evidentemente	*obviously*
cuándo	*when?*	exactamente	*exactly*
cuanto	*as much as*	excepto	*except*
cuánto	*how much?*	fácilmente	*easily*
cuánto/cuánta	*how much?/how long?*	fenomenal	*great*
		frecuentemente	*often*
cuántos/cuántas	*how many?*	fuera	*out/outside/away*
de	*of/from/with*	fuerte	*hard/tight*
debajo	*underneath*	gratis	*free*
debajo de	*under*	gravemente	*seriously*
delante	*ahead/in front*	hacia	*towards/about*
delante de	*in front of*	hasta	*until/up to/as far as*
demás: lo demás	*the rest*		
demasiado	*too much/too*	hoy	*today*

Quick Reference

igual	the same/equally	ni...ni...	neither...nor...
igual de...que	as...as	ninguno/ninguna	neither/none/
igualmente	equally/you too		no-one
ilegalmente	illegally	no	no/not
incluso	even	normalmente	normally
inmediatamente	immediately	nos	us/to us/
jamás	never		ourselves/each
justamente	fairly/exactly		other
justo	just/right	nosotros/nosotras	we/us
la	the	nosotros mismos/	ourselves
las	the	nosotras mismas	
le	him/her/you/it	nunca	never
lejos	far/a long way	o	or
	(away)	ojalá	I wish.../I hope.
lento	slowly	os	you/to you/
les	them/you		yourselves/eac
libremente	freely		other
ligeramente	slightly	otro/otra	another one/
lo	the/him/it		other one
los	the	para	for/to
luego	afterwards/later/	para que	so that
	then	peor (que)	worse (than)
mal	badly/wrong	perfectamente	perfectly
más	more/most/plus	pero	but
más...de...	more...than...	poco	not very (much)
más...que...	more...than...	poco/poca	little/few
me	me/to me/myself	poco: un poco	a little/a bit
mejor	better/best	poco: poco a poco	little by little
menos	less/least	por	for/through/by/
menos... de...	less...than.../		in/on/per
	fewer...than...	por cierto	by the way
menos... que...	less...than.../	por qué	why?
	fewer...than...	porque	because
menudo: a	often	precisamente	precisely
menudo		primero	first
mí	me/to me	pronto	soon/quickly/
mí mismo/misma	myself		early
mientras	meanwhile/while	pues...	well...
mientras: mientras	in the meantime	que	who/which/tha
tanto			than
mío/mía	mine	qué	what?/how?
mismo	right/just	quien	who/whom
mismo: el mismo/	the same	quién	who?/which?
la misma		quién: de quién	whose
mucho	a lot/very	rápidamente	quickly
mucho: mucho	long before/after	recién	newly
antes/después		recientemente	recently
mucho/mucha	a lot/much/many	regular	so-so
muy	very/too	salvo: a salvo	out of danger/
nada	nothing/at all		safe
nadie	nobody		
ni	not even		

Quick Reference

se	himself/herself/ itself/ themselves/ yourself/ yourselves/him/ her/to him/to her/them/to them/you/to you/each other
seguida: en seguida	straight away
seguido	straight on
según	according to/it depends/as
según: según parece	apparently
si	if/whether
sí	yes
sí (mismo)	himself/herself/ yourself/itself/ themselves
siempre	always
siempre: para siempre	for good
siempre: como siempre	as usual
simplemente	simply
sin	without
sino	but
siquiera: ni siquiera	not even
sobre	on/above/over
sobre: sobre todo	above all/ specially
solamente	only
sólo	only
su	his/her/its/their/ your
súper	really
supuesto: por supuesto	of course
suyo/suya	his/hers/theirs/ yours
tal: tal vez	maybe
también	too
tampoco	either/neither
tan	so/such
tan...como...	as... as...
tanto	so/so much/so often/so long/ as much as

tanto: por lo tanto	therefore
tanto/tanta	so much
tantos/tantas	so many
te	you/to you/ yourself
temprano	early
ti	you/to you
ti mismo/misma	yourself
todavía	still/yet/even
todo	all/completely
todo/toda	everything/all
tras	behind/after
través: a través	through/across
tú	you
tú mismo/misma	yourself
tuyo/tuya	yours
u	or
Ud. (abbreviation of usted)	you
Uds. (abbreviation of ustedes)	you
últimamente	lately
un/una	a/an
unos/unas	some/a few/ about
uno/una	one
unos/unas	some
usted	you
usted mismo/ misma	yourself
ustedes	you
ustedes mismos/ mismas	yourselves
varios/varias	several
Vd. (abbreviation of usted)	you
Vds. (abbreviation of ustedes)	you
vosotros/vosotras	you
vosotros mismos/ vosotras mismas	yourselves
vuestro/vuestra	yours
y	and
ya	already/yet/now
yo	I/me
yo mismo/misma	myself

Also available from Oxford University Press

Oxford Take off in Spanish
Language learning course with almost 6 hours of audio
Book and 5 CDs 978-0-19-860915-5
Also available in Latin American Spanish
978-0-19-860913-1

Pocket Oxford Spanish Dictionary
The ideal dictionary for higher examinations
978-0-19-861072-4

Oxford Beginner's Spanish Dictionary
Designed for absolute beginners
978-0-19-929856-3

Oxford Colour Spanish Dictionary Plus
Colour headwords throughout
978-0-19-921470-9
978-0-19-921894-3 (US edition)

Oxford Spanish Verbpack
978-0-19-860340-5

Oxford Spanish Grammar
Clear explanations of modern Spanish
978-0-19-860343-6